何以中国

——“中华文明探源工程”系列报道集

人民政协报社◎编著

中国文史出版社

图书在版编目（CIP）数据

何以中国："中华文明探源工程"系列报道集 / 人民政协报社编著 . -- 北京 : 中国文史出版社 , 2023.3

ISBN 978-7-5205-4042-1

Ⅰ . ①何… Ⅱ . ①人… Ⅲ . ①考古 – 中国 – 文集 Ⅳ . ① K87-53

中国国家版本馆 CIP 数据核字 (2023) 第 051104 号

责任编辑：梁玉梅　赵姣娇　王文运

出版发行：中国文史出版社
社　　址：北京市海淀区西八里庄路 69 号　邮编 :100142
电　　话：010-81136606　81136602　81136603（发行部）
传　　真：010-81136655
印　　装：北京瑞和祥云印刷技术服务有限公司
经　　销：全国新华书店
开　　本：787mm × 1092mm　1/16
字　　数：177 千字
印　　张：15.25
版　　次：2023 年 5 月北京第 1 版
印　　次：2023 年 5 月第 1 次印刷
定　　价：88.00 元

文史版图书，版权所有，侵权必究。

文史版图书，印装错误可与印刷厂联系调换。

主　编

张立伟　王相伟

副主编

许水涛　石秀燕　訾　绮

杨统连　刘劲松　刘　珊

陈祖毅

执行主编

杜军玲

统　筹

李丛杉　罗公染

编　辑

王慧峰　司晋丽

编　务

孟祥龙　位朝辉　段志海

张修涛　王　宇　廖昕朔

序一 ‖

何以中国　其命维新

文 / 叶小文

《人民政协报》历经半年的系列报道“中华文明探源 · 何以中国”，精彩不断，引人瞩目，叹为观止，令人惊喜。

正如编者所言，“上下五千年，中华文明发端于何时、何地？经历过怎样的曲折、回合？这些问题牵系根脉，事关‘何以中国’。不同于世界其他远古文明，独立起源的中华文明能延续发展至今的内在脉络是什么？这个文明古国如此强的韧性和生命力是如何造就的？又能为处在百年未有之大变局中的我们提供什么样的文化自信和智慧？这些是当代中国人最关心的问题”。

围绕国人最关心的这些问题，系列报道带着读者探良渚、观陶寺、进石峁、析殷墟、解三星堆之谜，继而带我们领略《科技考古：勾勒古代中国的历史细节》《学科融合：让考古变得更加精准、安全、高效》……这些报道，实证雄辩，栩栩如生，把辽阔的空间和漫长的时间浇灌给我们，把许多高贵生命早已飘散的信号传递给我们，把无数的智慧和美好呈现给我们。

跟着这些报道，我们区区五尺之躯，短短半年光阴，居然能驰骋古今，经天纬地。沿着这些文明探源的足迹，我们尤其能感悟到，我们的先人和我们的文明之中，所蕴含的无穷无尽的智慧。

正如十三届全国政协副主席刘新成在一次传统村落调研会上所说，“后代一定比前代更有知识，但后代却不一定比前代更有智慧。

智慧是什么？统而言之，它是处理人与自然、社会和自我三大关系的理念和能力。每个时代的人都有处理这三大关系的方式，其精华便是智慧。时代不同，处理这三大关系的理念与办法会有不同，但这并不意味着后代就比前代处理得更好，也就是说后人并不一定比前人更有智慧。因此明智的后人懂得向前人学习智慧，这就是传统之用”。

我们必须尊重文化传统。学习文化传统，学习前人的智慧，“这就是传统之用”。我们的文化传统中，我们的文明传承中，我们中国先人的智慧中，就包含着“周虽旧邦，其命维新”的代代相承、薪火相传、生生不息、日日出新的智慧。中国这样一个有着深厚文化传统，五千年文明未曾中断的泱泱大国、文明古国，在实现中华民族伟大复兴的新的进程中，应该也可以对人类作出新的较大的贡献。

又想起当年冯友兰先生在西南联合大学纪念碑上留下的金石之言：“我国家以世界之古国，居东亚之天府，本应绍汉、唐之遗烈，作并世之先进。将来建国完成，必于世界历史居独特之地位。盖并世列强，虽新而不古；希腊、罗马，有古而无今。惟我国家，亘古亘今，亦新亦旧，斯所谓周虽旧邦，其命维新者也。”何为“亘古亘今，亦新亦旧”？为何“周虽旧邦，其命维新”？细读“中华文明探源·何以中国”的报道，进而深入了解中华民族在漫长的历史进程中，以自强不息的决心和意志，筚路蓝缕，跋山涉水，走过的不同于世界其他文明体的发展历程，可以了然，可以释然。

（作者系第十三届全国政协文化文史和学习委员会副主任）

序二 ‖

中华文明之光生生不息

文 / 单霁翔

良渚、陶寺、石峁、二里头、殷墟、三星堆……在“中华文明探源·何以中国”系列报道中再次看到这些掀起了中华文明起源神秘面纱的名字，我感慨万千。洋洋洒洒数万言间，历代考古工作者和历史研究工作者们为还原中华文明从涓涓溪流到江河汇流的发展过程所做的巨大努力跃然眼前，让我们在“何以中国”之问中，感受了考古的发现之美与中华文明之美。无论是作为一名文化遗产保护和传承者，还是《人民政协报》二十载的忠实读者，我都倍感欣喜。

中华文明作为世界几大古老文明之一，具有原生性、可信性、整体性、连续性、先进性和包容性的特点。中华文明因兼容并蓄而丰富多彩，因推陈出新而永葆活力，因特色鲜明而远播四方，为人类文明进步作出了不可磨灭的重大贡献。百年来，中国考古学不断发展，考古学家在中华大地上勤奋地发掘、研究、探索，逐渐地让我们从哪里来到哪里去这一问题更加清晰。

中华文明是世界上唯一从未中断的古老文明，放眼中华五千多年的文明发展历程，其中蕴含的思想观念、人文精神和道德规范，孕育了优秀的传统文化。作为拥有这一伟大文明的民族，我们在保护和传承好古代文明方面作出了不懈努力，也取得了许多独特的中国经验。

中国是一个文化遗产大国。通过对文化遗产的认识，能更加深刻理解中华文明的特征，也就能进一步理解文化多样性的意义以及中华文明在世界文明中的位置。只有保护文化遗产，把中华文明的精髓传承下去，才能在当下和未来人类栖居地建设中更好传承中华文明的根脉。

我一直有个愿望，就是要让世界遗产融入民众的现实生活，让更多的年轻人爱上中华传统文化，让中国的世界遗产以鲜活的文化姿态走向世界。我们要充分结合时代要求，继承创新中华优秀传统文化，以多种形式传播中华传统文化。这也是我为什么下决心通过《万里走单骑——遗产里的中国》聚焦世界文化遗产传承的原因——以适应时代更新的信息技术和形式，来做面向大众特别是年轻群体的文化传播。

我们通过行走、追寻和求索，呈现中国独特的景观和历史文化脉络，讲述一代又一代中国人寻找和守望中华文化根脉的故事，彰显自古以来的文化精神，勾连历史与现实的价值，让公众共情于中华优秀传统文化精髓，在认知、了解、感悟、喜爱和传承的演进中，深刻体会中国特色，更加坚定文化自信，增强民族自尊心和自豪感，产生绵延的爱国动力。

我一直认为，保护和利用都不是目的，传承才是目的。在传承中发展，在发展中丰富，中华文明的智慧之火就会永远光照未来，文化的精髓就会在我们心里生根发芽，并在与时代的碰撞中不断抽出生命的新绿。

中华文明之光，生生不息。

（作者系第十、十一、十二届全国政协委员，中国文物学会会长，故宫博物院学术委员会主任）

目 录

收官寄语

开篇的话

“中华文明源远流长、博大精深，是中华民族独特的精神标识，是当代中国文化的根基，是维系全世界华人的精神纽带，也是中国文化创新的宝藏。”

源，水之本也。为雨为露，为泉为渊。

上下五千年，中华文明发端于何时、何地？经历过怎样的曲折、回合？这些问题牵系根脉，事关“何以中国”。不同于世界其他远古文明，独立起源的中华文明能延续发展至今的内在脉络是什么？这个文明古国如此强的韧性和生命力是如何造就的？又能为处在百年未有之大变局中的我们提供什么样的文化自信和智慧？这些是当代中国人最关心的问题。

2002年春，国家科技攻关项目——“中华文明起源与早期发展综合研究”（简称“探源工程”）立项。该项目由科技部立项，作为国家“十五”到“十四五”重大科研项目，涉及考古学、历史学和自然科学在内的20多个学科。20年来，中华文明探源工程以考古调查发掘为主要手段，以现代科学技术为支撑，多学科交叉研究，60多个单位的400多位专家学者直接参加工程。浙江良渚、湖北石家河、山西陶寺、陕西石峁、河南二里头等都邑性遗址……一系列层出不穷的重要考古发现，掀起了中华文明起源的神秘面纱，实证了我国百万年的人类史、一万年的文化史、五千多年的文明史，明确了中华文明多元一体、兼容并蓄、绵延不断的总体特征。

“中华文明探源工程对中华文明的起源、形成、发展的历史脉络，对中华文明多元一体格局的形成和发展过程，对中华文明的特点及其形成原因等，都有了较为清晰的认识。”习近平总书记如是说。

近年来，关于中华文明溯源的专题讨论持续在全国政协委员中保持着火热温度。无论是“国学——‘大一统’观”读书群中每每持续到凌晨时分的线上交流，还是“文明溯源深度谈”委员自约书群中已经进行了十几次的线上集中讨论，抑或是全国政协书院举行的“中华文明起源、形成、发展与特质”研讨座谈会，线上线下交相辉映，对源远流长、博大精深中华文明的研学掀起一个个新的高潮。

习近平总书记强调，中国人民的特质、禀赋不仅铸就了绵延几千年发展至今的中华文明，而且深刻影响着当代中国发展进步，深刻影响着当代中国人的精神世界。

生于斯，长于斯，我们身上所有文明的印记，都是从这片土地上生长出来的。我们追根溯源，探索中华文明起源，就是要让历史告诉未来，从中华民族筚路蓝缕、顽强坚韧、团结奋斗、开拓创新的文明史中汲取力量，为实现中华民族伟大复兴的中国梦提供强大精神动力。

《人民政协报》“中华文明探源·何以中国”系列报道，通过探访解读全国性的考古发现和研究成果，梳理描绘中华文明源远流长和蜿蜒绮丽的脉络，以呈示华夏大地何以中国，中华文明何以不朽。

“中华文明探源·何以中国”之一

何以中国　何以不朽

——专访中国社会科学院学部委员、中华文明探源工程第一到第四阶段首席专家王巍

记者　王慧峰

“我们的出路只有一个，就是通过考古发现来验证”

1987 年，中国社会科学院考古研究所青年学者王巍被公派赴日本进修。留学期间他发现，日本出版的有关中国历史的著作中，几乎都是以出土甲骨文和青铜器的殷墟作为中华文明的开端，认为中华文明只有约 3300 年的历史。这，让他深受触动。

中华上下五千年，根据何在？是传说，还是真实的历史？对王巍而言，搞清楚中华文明的起源行程和发展过程，是“中国学者义不容辞的责任”。

记者：“五千年中华文明”一直是我们根深蒂固的认知。但很少有人知道为五千年正名的不易。

王巍：我记得当年在大学古典文献课上，有老师在讲到《尚书·尧典》时说，这个应该是战国时人的杜撰。

中国古代史籍把黄帝和炎帝时期作为中华文明的肇始，但古代文献中关于炎黄时代的记述有不少带有神话色彩，属于古史传说，并不能作为信史。事实上，直到 20 世纪末，国内和国际学术界都有一些人对中华民族拥有 5000 多年文明史持怀疑甚至否定态度。国内史学界很多人认为中华文明开始于中国历史上的第一个王朝——夏朝，而部分国外学者和个别国内学者怀疑甚至否定夏朝是真正存在过的王朝，认为古代中国进入文明社会的时代只能从为甲骨文所证明的商朝后期开始算起。因此，我们的出路只有一个，就是通过考古发现来验证。

记者：这也正是中华文明探源工程的初衷所在？

中国社会科学院学部委员、中华文明探源工程首席专家王巍

王巍（左二）在考古现场

王巍：对。中华文明是世界上为数不多的原生文明之一，搞清它起源发展的过程、背景、动力、机制、特点，是中国学者义不容辞的责任，也是对世界文明研究的贡献。

简单概括，中华文明探源研究要搞清楚几大关键问题：一是中华文明何时形成？有多久的历史？二是中华文明如何起源、形成和发展，中华文明从多元起源到中原王朝为引领的一体化趋势是如何形成的？三是中华文明为何会走出一条多元一体、源远流长、延绵不绝的道路？四是中华文明起源、形成、发展的道路和机制有何特点？五是中华文明在起源、形成和发展过程中与其他文明是否发生过联系？这些联系对文明的发展发挥了何种作用？六是中华文明对世界文明作出了哪些贡献？

记者：有关“文明”及其判断标准的问题，一直是国内外研究的热点。在您看来，什么是文明？

王巍：关于文明的定义及相关概念，国内外学术界存在诸多分歧。文明的起源和形成是一个十分复杂的过程，涉及物质、精神和社会制度等方方面面因素，是多因素交互作用的结果。文明起源与文明形成既有联系又有区别，两者是文明社会孕育和产生的不同阶段，先有文明因素量的积累，后有社会质的变化。中华文明探源研究坚持历史唯物主义，提出文明是人类文化和社会发展的高级阶段。而国家的出现就是文明形成的标志。

记者：判断文明的标准对实证“五千年中华文明”有什么影响？

王巍：国际学术界曾依据两河流域文明和古埃及文明的特征，概括出“冶金术、文字的使用和城市的出现”三要素为文明社会的标准。如果依据这样的标准，中华文明只有 3300 年的历史。但这一判断，并非放之四海而皆准。探源工程实施期间，我们分析发现，世界几大原生文明并非都符合这“三要素”，比如中美洲玛雅文明并未掌握冶金术，南美洲的古印加文明尚未发现文字，印度河流域的哈拉帕文明印章上的图案也未被认可为文字。

随着世界各地考古发现和研究取得的进展，国际学术界普遍认为，世界各地可以有符合自己古代社会发展特色的文明形成标准，而中华文明探源工程正是冲破了文明“三要素”桎梏。

中国方案，为世界文明起源研究作出了原创性贡献

通过考古发掘，中国“百万年的人类史、一万年的文化史、五千多年的文明史”得到实证，中华文明的灿烂成就以及对人类文明进步作出的贡献不断被揭示，丰富和深化着中国人对祖先和历史的认知。也让我们明白了，何以中国，何以不朽。

记者：从探源工程20年的考古发掘和研究成果中，我们是不是也总结出了符合中华文明发展特征的文明判断标准？

王巍：我们根据良渚、陶寺、石峁、二里头等都邑性遗址实际材料，兼顾其他古老文明的特点，提出了判断文明社会标准的中国方案：一是生产发展，人口增加，出现城市；二是社会分工和社会分化不断加剧，出现阶级；三是权力不断强化，出现王权和国家。这些特征反映在考古遗存上，则体现为超大型都邑、宫殿、大墓以及反映贵族尊贵身份礼器的出现等。

这一套新的标准为中国乃至世界文明起源研究提供理论依据，从而证实中华五千年文明并非虚言，而是历史的事实。正如习近平总书记所言，“中华文明探源工程提出文明定义和认定进入文明社会

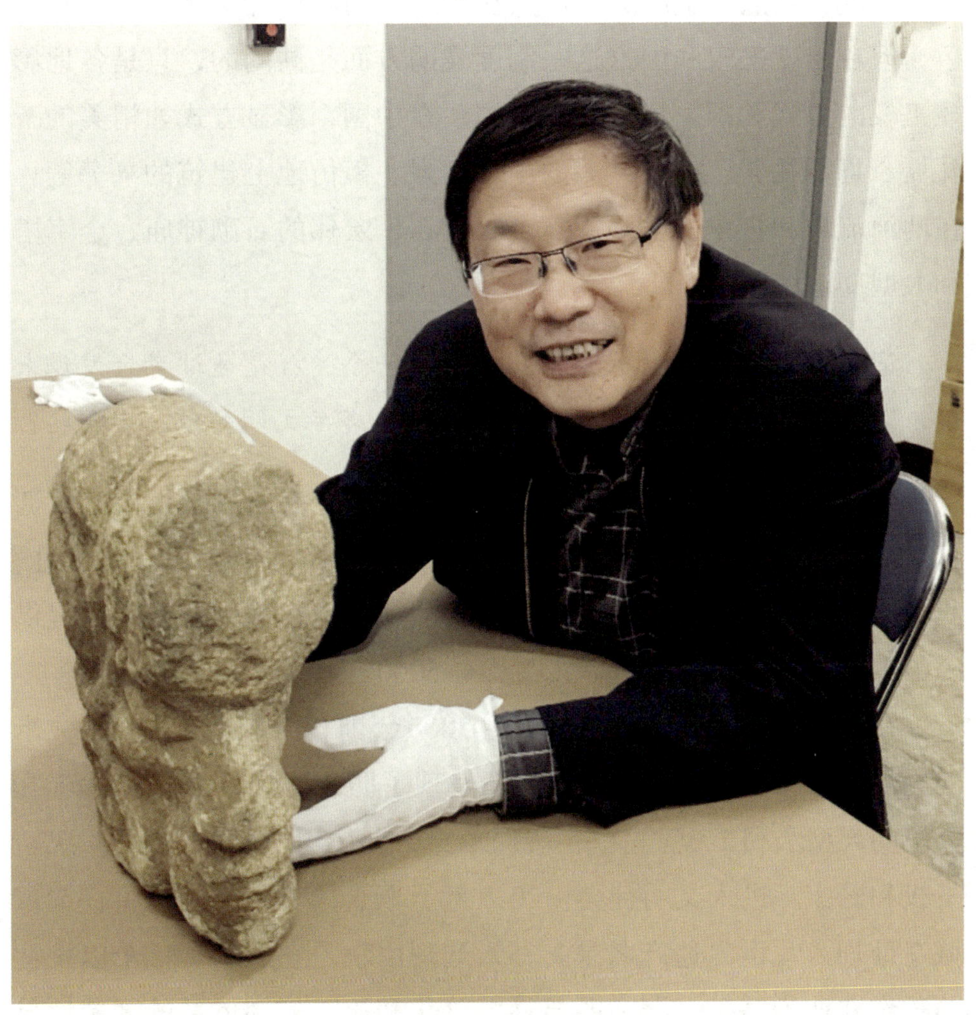

王巍在研究出土文物

的中国方案，为世界文明起源研究作出了原创性贡献”。

记者：上述文明标准也适合其他原生文明吗？

王巍：当然。不同文明虽然在物质文明和精神文明方面各有特色，但在出现王权和国家这一制度文明方面是共同的，只是各地彰显王权的方式和国家形态各不相同。在中国，彰显方式如精美的玉礼器、青铜礼器、规模巨大的土木宫殿、模仿地上建筑的墓葬等；在两河流域和古埃及，则用黄金、宝石、宏伟的石砌神庙、金字塔和大型墓室来表现。

记者：如您所言，“我们的出路只有一个，就是通过考古发现来验证”。就目前的考古发现而言，中华5000多年文明的依据有哪些？

王巍：中华文明探源工程确定了四个最重要的区域性中心性遗址：浙江良渚遗址、陕西石峁遗址、山西陶寺遗址和河南二里头遗址。我们当时就把宝押在良渚了。事实证明，良渚遗址为探源工程提供了最重要的依据，实证中华文明具有5000年历史。

在良渚，我们发现了修建于约5000年前，面积达300万平方米的内城、630万平方米的外城，还发现了防止水患、总长度达十几公里的大型水利工程。这些发现揭示出，良渚当时已经出现了阶级、王权和国家，进入文明社会。2019年，联合国教科文组织将良渚古城遗址列入《世界遗产名录》，入选理由就是它展示了一个以发达的稻作农业为基础，存在明显社会分化和统一信仰体系的区域性早期国家形态。这标志着，中华5000多年文明史得到国际社会广泛认可。

此外，中华文明探源工程提出，在距今5100—4300年前，一些文化和社会发展较快的地区相继出现了早期国家，跨入了文明阶段。

王巍（右）在认真分析研究出土物品

在距今约5500年前，黄河中下游、长江中下游和辽河流域等地的社会上层之间交流密切，并形成了对龙的崇拜、以玉为贵的理念，以及以某几类珍贵物品彰显持有者尊贵身份的礼制。

距今4500年前，通过与域外其他文明之间的交流互动，发源于西亚地区的小麦、黄牛、绵羊、冶金术等先进文化因素传入我国，丰富了中华文明的内涵，形成了“早期中华文化圈”。

距今4300—4100年前，长江中下游的区域文明相对衰落，中原地区持续崛起，在汇聚吸收各地先进文化因素基础上，其政治、经济、文化持续发展，为进入王朝文明奠定了基础。夏王朝建立后，它又以自己独创的一整套礼仪制度对周围各地区施加了强烈辐射，形成中国历史上第一次“王朝气象”。在中华文明形成过程中，各地的史前文化都作出了贡献，揭示出中华文明“多元一体”的历史过程，对于增进中华民族凝聚力具有重要意义。

特别值得一提的是，中华文明探源工程通过多学科的研究，利用各种各样的自然科学手段和人文科学手段，构建了中华文明演进过程中更为详细的考古学年代框架，让研究者发现了过去难以发现的角度，拓展了我们对中国5000多年文明史的认知。

向前再探 3000 年

文 / 王慧峰

“下一步，我们还想向前再探 3000 年。”中华文明探源工程启动至今 20 载，谈及这覆盖自己考古生涯一半的 20 年，王巍直言“深感幸运”。从 2002 年起领衔“中华文明探源工程”，王巍与众多专家学者追本溯源，寻找中华民族 5000 年文明的起源，解答“我是谁”“我从哪里来”的追问。

从 1921 年在河南三门峡市渑池县仰韶村进行科学发掘的第一铲开始，中国考古已经走过百年。正是一代代考古人筚路蓝缕、艰苦卓绝，用一铲铲泥土、一滴滴汗水，解封了中华民族关于祖先的记忆，见证了中华文明的起源与繁盛。

王巍透露，下一步将进一步拓展探源工程的时空范围。“在时间维度上，我们还想向前再探 3000 年，探寻中华文明的起步阶段，即距今 8000 年左右，中国农业的初步发展、精神文化和社会变化等面貌。关于夏代的历史问题也将是研究重点。我们认为，二里头遗址是夏代晚期都城，而对于夏始初年考古发现——河南王城岗遗址和新砦遗址的整体发掘、都城面貌及其内涵等，尚待继续深入研究。这些研究将为我们揭示出越来越清晰而真实的中国。”

在空间维度上，他们打算把东北、西北、东南、西南等地区的遗址都纳入探源工程中，研究这些区域融入以中原王朝为中心的历史格局的原因、背景和过程，进一步深化研究中华文明从多元起源到一体化的进程，以及统一的多民族国家形成的过程。

中华文明之流，亘古及今，延绵不绝。漫长的岁月中，在域内各民族间的一次次水乳交融里，中华民族的范畴不断发展与丰富。在与域外文明的一次次辉映互鉴下，世界认识了中国，中国也倾听了世界。

求木之长者，必固其根本；欲流之远者，必浚其泉源。“何以中国”，实为中华民族之永恒命题。已经走过 5000 年的中华文明，为处在百年未有之大变局中的我们提供着强大的智慧和力量支撑。

在王巍看来，多元融合是中华文明生生不息的源泉。纵观中华文明早期的演进，可以看出中华大地各区域的文明异彩纷呈。其中，黄河中游地区以开放的心态吸收各种文明因素，最终融合了其他区域的文明。历史表明，各区域的文明都对中华文明的形成作出了积极贡献。正是由于多种文明汇聚融合，才使中华文明充满活力、持续发展。

开放包容、交流互鉴是文明发展的动力。中华文明积极吸收借鉴其他文明的成果并发展创新。即使在史前时期，交流就已经普遍存在，持续的跨区域、跨族群的交流，记录了文化互鉴的历程，促进了文明的发展。交流互鉴是中华文明持久兴旺的关键，是中华文明魅力永恒的支撑。只有开放包容、海纳百川，才能使文明之树常青，使中华文明永葆活力。

文化软实力是增强中华文明创造力和影响力的保障。夏商周文明不断凝聚先进理念，造就了以“礼”为重要内容的主流价值观，这一内涵丰富的思想影响了周围广大地区，引领、推动了这些区域的文明发展。秦汉以后，“礼”被传承弘扬、赋予新的内涵，成为中华文明的一个核心价值理念，并通过交流互鉴传播到周围国家和地区，成为东方文明的一个重要理念。

中华文明延绵至今，在发展过程中形成了自己的鲜明特点。“通过对中华文明起源的研究，我们可以有把握地说，中华文明为人类文明发展作出了巨大贡献。”王巍表示，农业的出现是文明起源的基础。根据考古发现，世界上几大农作物中的粟、黍、稻、大豆都是中国原产。浙江上山遗址出土了大约1万年前的栽培水稻，引发世界关注。同一时期，以中国为代表的东亚地区最早出现了陶器，这是中华先民对世界作出的贡献。

2020年，“探源工程”开始实施第五阶段。王巍希望，探源工程能够在坚持“多学科、多角度、多层次、全方位”技术路线的基础上，进一步加强与政治学、经济学、人类学、社会学、法学等人文社会科学，特别是与文献史学的融合，共同阐释中华文明历史。

“中华文明起源研究需要几代人薪火相传、不断创新。”在王巍的展望中，在几代学者们共同努力下，辉煌灿烂、博大精深的中华文明的起源、形成和早期发展的过程、特点和机制，必将越来越清晰地展现在世人面前。

◎**链接**

中华文明探源工程的实施过程

迄今为止，中华文明探源工程分为预备性研究和第一、二、三、四、五阶段。

中华文明探源工程预备性研究（2001—2003 年）。由于这一项目涉及的时间和空间范围广，参与的单位和学科多，研究的内容复杂，项目的组织和实施难度较大，因此首先于 2001—2003 年进行了“中华文明探源工程预备性研究”。预备性研究设置了“历史文献与古史传说研究”“天文考古学研究”“史前符号汇集及其与文字关系研究”“关键遗址的测年技术研究”“冶金术研究”“文明形成时期的资源与贸易研究”“文明形成时期的经济状况研究”“文明形成时期聚落与社会研究”“环境变迁与文明演进关系研究”等 9 个课题。经过研究，各个课题获得了不同程度的进展。预备性研究最大的收获是，初步摸索出一套多学科结合研究中华文明起源和早期发展的技术路线和实施方案，为正式开展中华文明探源工程奠定了坚实基础。

中华文明探源工程第一阶段（2004—2005 年）。这一阶段开展“公元前 2500—前 1500 年中原地区文明形态研究”。这一时间段是龙山时代晚期到商朝初年。主要探讨中原地区这一时期的环境背景和经济技术发展状况及其在文明形成过程中的作用、各个都邑性遗址的年代、中原地区文明形成期的聚落形态所反映的社会结构、中原地区早期文明形态等问题。之所以从中原地区入手，是因为该地区考古学文化谱系已经建立，又有较多历史文献和古史传说作为参考，比较容易推动相关研究。

中华文明探源工程第二阶段（2006—2008 年）。在第一阶段的基础上，把研究的时间范围扩展到公元前 3500—前 1500 年，空间范围从黄河中游扩展至黄河上、中、下游，长江中、下游和辽河流域等地，主要研究该时间段中各个地区都邑和区域中心性遗址及其所属考古学文化的年代、环境变化、经济技术发展状况和社会结构变化。

中华文明探源工程第三阶段（2009—2012 年）。在前一阶段的基础上继续深化研究，研究的时间范围依然是公元前 3500—前 1500 年，重点研究课题包括黄河、长江及西辽河流域考古学文化年代谱系的完善和各地文明化进程中重大事件的年代学研究，各地区环境变化与文明演进的关系研究，各地区技术和生业的发展以及铜、玉、盐等重要资源与文明形成的关系研究，都邑性聚落和各个区域中心性聚落反映的社会结构研究，文明形成过程中精神文化的发展状况研究，中华文明形成和早期发展的整体性研究。

中华文明探源工程第四阶段（2013—2018 年）。这一阶段的工作主要是对第三阶段设置的年代、环境、生业、都邑和聚落反映的社会结构以及整合研究等几大课题继续开展研究，在此基础上形成第四阶段结项报告。

中华文明探源工程第五阶段（2020—2024 年）。这一阶段仍然延续探源工程前四阶段的方针和技术路线，将近几年新发现的距今 5500 年到 3500 年的重要遗址纳入工程中，并加强了理论阐释方面的力度。

（本文原载于《人民政协报》2022 年 8 月 30 日第 3 版）

“中华文明探源·何以中国”之二

良渚：让我们在五千年的坐标中找到自己

——专访浙江大学艺术与考古学院教授、良渚遗址考古主持者刘斌

记者 司晋丽

泱泱华夏5000年，悠悠长河耀星汉。在很长一段时间内，尽管中华文明上下5000年是国内惯用的说法，但由于缺乏实证，国际上公认的中华文明起源始终是距今约3500年的殷商时期。

2019年7月6日，在阿塞拜疆举行的世界遗产大会上，浙江杭州良渚古城遗址获得评委全票通过，被收录入《世界遗产名录》。这标志着良渚作为中国长江下游地区5000年的古代文明，获得了国际考古学界的认可。中华文明的起源上溯到5000年，成为国际社会的共识。

良渚，成为中华文明探源工程中一个成功的案例。那么，良渚文化究竟是一种怎样的文化？在中华文明中处在怎样的地位？申遗成功是不是意味着良渚遗址考古工作的终结？一起来听听良渚遗址考古主持者刘斌的讲述。

刘斌在良渚遗址考古现场

“良渚古城的发现，意义堪比殷墟”

十年前，在中华文明探源工程立项之初，良渚遗址就被列为其中的一个重要项目，得到重点关注。2019 年 7 月 6 日，良渚遗址在阿塞拜疆首都巴库被评委全票通过，申遗成功的那一刻，刘斌在现场。“良渚穿越了 5000 年光阴才来到我们面前，还是以在全世界颂扬的方式，我深切感受到作为一名中国人的自豪。”

记者： 最近，良渚考古又有新发现，在位于浙江湖州雷甸镇杨墩村的中初鸣制玉作坊遗址群小桥头遗址点考古发掘现场，出土了保存较为完好的良渚时期人骨，据推断为制玉作坊的工匠。这说明什么？

刘斌： 玉是良渚时期器物的一个典型代表，制玉工匠的出现说明当时已经有了明确的社会分工。但玉料来源于何处，是先人留给我们的一个未解之谜，需要我们继续破解。在良渚古城里，无论是春雾弥漫，还是冬雪茫茫，每天的清晨和傍晚，我都会登上大莫角山，在这里我能感受到与 5000 年前先贤的一种连接。我时常会想，5000 年前的朝圣者，他们会从哪里进入古城？他们会从哪里登上莫角山巍峨的宫殿？

记者： 对于许多普通公众来说，是在三年前良渚申遗成功后才开始认识它。作为良渚遗址考古的参与者与亲历者，请用通俗易懂的语言叙述一下，良渚究竟是一个怎样的存在？

刘斌： 良渚遗址面世后，国内外考古界很震撼，有些专家直言，

在良渚考古八十年学术研讨会上，时任浙江省文物考古研究所所长刘斌（左一）、与北京大学教授严文明先生（左二）、浙江大学教授曹锦炎（左三）、良渚遗址管委会副主任陈寿田（右一）一起合影

“良渚古城的发现，意义堪比殷墟”。为何这么说？

良渚遗址以环太湖地区为中心，北跨长江，南至浙南地区。首先，从规模上看，良渚古城是一个具有宫殿区、内城、外城和外围水利系统四重结构的庞大都邑。良渚古城内城有300多万平方米，加上外郭城有630多万平方米，相当于8个紫禁城。其次，从文化上看，良渚是东亚最早的国家社会，良渚文化主要分布在太湖流域。通过考古挖掘，得知在这个水乡泽国里生活的良渚先民，生活方式里饱含着江南人的精致考究——饮食品类较为丰富，有水稻、菱角、莲子、猪肉、鱼、虾等主食和肉类，桃子、李子等水果；社会分工也较为发达，城内除了统治者，还有从事玉器、陶器、漆器等制作的匠人等。另外，良渚文化晚期及之后的龙山时代，良渚人发明的玉琮等向北传播到了西北，南到广东，从中我们可以看到中华文明从多元到一体的过程。

记者：考古学界泰斗苏秉琦先生曾提出“满天星斗”论。5000年前，中华大地上存在着发展水平相近的众多文明，如同星罗棋布。然而，为什么说良渚文化才是中华5000年文明史的实证？

刘斌：人类在地球上存在已有600多万年，直到距今10000年左右才进入新石器时代，5000年前左右进入国家社会，其间涌现出无数灿烂文明，真可谓是“满天星斗”。但是，考古学是讲究实证的学科。之所以说良渚是中华5000多年文明的实证，主要是因良渚遗址保存完好，考古认识较为充分。良渚的墓葬所反映的等级、玉器所反映的权力与信仰、玉器加工所反映的生产的复杂性，以及良渚古城与水利系统等大型工程所反映的城市规划、社会分工与大规模社会组织等，足以证明其背后的社会形态绝不亚于古埃及。稻作农业和临水而居、水路交通的生产与生活方式，则向世界展示了最

刘斌（左）在良渚遗址考古现场发掘文物

刘斌（左二）与时任良渚管委会副主任吴立炜（左一）、
良渚博物院副院长周黎明（右一）、浙江省文物考古研究所朱叶菲（右二），
在张忠培先生（中间）的书房一起合影

早的江南，中国长江流域的文明模式。

记者： 在人们惯常的思维里，文明的三要素似乎是青铜器、文字和城市。刚才，您提到了良渚是一个国家社会，是否说明，在您的评价体系中，国家才是文明形成的标志？

刘斌： 关于文明形成的标志，国内外看法不完全一致。我和著名考古专家、剑桥大学教授科林·伦福儒有过愉快的合作，他说，文明的标准要因地而异。考古意义上的“文明”，指人类已脱离野蛮、愚昧状态，产生了国家。良渚古城发现后，有 60 多个国家的考古专家到过良渚，看到这么大的古城规模，大家都惊叹：“这么大的遗址，若不是国家，什么是国家？”国家是文明社会的概括，这也是我国考古界比较流行的说法。

记者： 怎样看待良渚申遗成功在国际考古界的意义？

刘斌： 10 年前，在中华文明探源工程立项之初，良渚遗址就被作为其中的一个重要项目，得到重点关注。那时，距离在良渚挖下第一铲，已经过去 70 年的时间了。从 20 世纪 30 年代起，几代考古学家薪火相承，在良渚进行了艰辛而不倦的探索。也是缘于此，2019 年 7 月 6 日，良渚遗址在阿塞拜疆首都巴库申遗成功的那一刻，我非常激动。良渚穿越 5000 年向我们走来，它的名字在全世界颂扬！我为源远流长的中华文明自豪，也特别想与我们的祖先对话。我当时在现场写下一首诗，“今夜我在巴库 / 傍晚 / 你站在良渚王国的圣殿上 / 夕阳穿过百丈岭的上方 / 神鸟在天空上留下飞翔的轨迹 / 彩云如同镶了金边的衣裳 / 是你穿越了 5000 年光阴 / 还是我走过了几万里山河……”

在国际考古界，将对文明的探源作为一个研究课题。只不过，此前国际学界普遍认为，中华文明源起于距今3600年到3500年的殷商时期，排在苏美尔文明、古埃及文明、哈拉帕文明之后，是四大文明中时间最晚的。良渚打破了这个观念，在距今5000年左右同步进入了国家文明社会，树立起一个东方文明社会的标准，标志着中国和世界其他早期文明一样，在距今5000年左右同步进入了国家文明社会。

先人的文化与精神早已渗透进中华文明的血脉之中

从2020年开始，中华文明探源工程进入了第五阶段，良渚的考古工作也依然在深入。只有在一个大的时空框架中，才能令我们清晰地感知所在时间的坐标、空间的目标和文化的坐标。

记者：最近，您出版了新作《寻找失落的文明：良渚古城考古记》。书中详细地回顾了良渚遗址挖掘的历程，这个历程可以总结为哪几个关键节点？

刘斌：良渚遗址的每一个发现，都凝结着一代代考古人的心血。从开始挖掘到现在，大致经历了这样几个关键节点：1959年，良渚文化被正式命名。1986年，浙江考古工作者们第一次发掘到良渚文化的高等级墓葬——反山。反山M12出土了迄今为止个头最大的玉琮和玉钺，被称为“玉琮王”和“玉钺王”，这改变了考古学家对于良渚玉功能的认识，第一次让考古人看到“文明的曙光”。1996年，国务院批准良渚遗址（群）为全国重点文物保护单位。2006年，我们在瓶窑葡萄畈遗址高地西侧发掘时，发现了一条良渚文化时期的南北向壕沟，壕沟内有较厚的良渚晚期堆积。我做了局部解剖，判断这应该是堤岸的地基，这显然是一块人工开采的石头，它来自哪

刘斌（左一）与大家认真研究着考古图纸

里？以此为灵感，苦苦追索后，在2007年找到了已被掩埋4000多年的良渚古城。从2009年到2013年我们又找到迄今最古老的水利工程。

记者：完成了文明溯源的重任，良渚的考古工作是否也接近终结了？

刘斌：良渚遗址是中华探源工程启动之后的成功案例之一。从2020年开始，“探源工程”进入了第五阶段，良渚的考古也还在深入。因为还有许多待解之谜。例如，玉料的来源、陶窑和集中制陶的作坊还未发现；玉器和石器等是专门化生产的，它们又是如何传播与分配的；良渚玉是如何传到陕北等地的……从总体上来说，未来的良渚考古是向微观与宏观方向发展。

记者：中华文明是世界唯一没有中断的文明，让我们知所从来，也是哺育我们走到今天的源泉。您如何看待文明的传承？

刘斌：只有放在一个大的时空框架中，才能令我们清晰地感知所在时间的坐标、空间的目标和文化的坐标。自良渚以来的几千年里，不管时代怎样变化，先人的文化与精神早已渗透进中华文明的血脉之中。现在，我们设立了良渚古城遗址公园，每年吸引上百万访客参访。大家前来瞻仰先民生活形态，从中汲取古代文化中的智慧和审美，脸上洋溢着满满的文化自信。只有懂得了过去，才能更好地珍惜当下与规划未来，让祖先的创造在我们的手铲下再现昔日的辉煌。

良渚丰富了人类对于“文明”的定义

文 / 王慧峰

近日，国内首档世遗揭秘互动纪实节目《万里走单骑——遗产里的中国》第三季开机的消息传来，很多年轻观众闻讯兴奋不已。对于第十、十一、十二届全国政协委员，中国文物学会会长单霁翔来说，虽然节目已至第三季，但对于第一季的印象记忆犹新。

“这是实证了中华文明 5000 年历史的地方，我想不出还有哪里可以替代。”

2021 年 1 月 31 日晚间，《万里走单骑——遗产里的中国》第一季亮相浙江卫视。节目开播，从故宫博物院退休的单霁翔化身世遗推广人，力主良渚古城率先亮相。

事实上，出于收视率的考虑，良渚古城遗址并不是最好的选择，因为“现在只有个遗址公园，可看性比较低”。节目组内部对此也争论不下，但单霁翔坚持第一集“应该是也只能是良渚”。

一直以来，“中华文明上下 5000 年”被认为是妇孺皆知的常识，但这个结论在良渚申遗成功之前，却没有真正走向世界。正是良渚古城遗址实证了中华 5000 年文明史并得到国际上的广泛认可。“良渚古城不仅实证了中华 5000 年文明史，而且在一定程度上丰富了人类对于‘文明’的定义。”单霁翔说。

良渚古城遗址对于“文明”的补充诠释之一就是水利工程。联合国教科文组织对良渚水利工程的评语中说，它改写了世界水利史。良渚水利工程修建于距今5000—4700年，是中国乃至世界迄今发现最早的大型水利工程遗址，比“大禹治水”的传说还早1000年。

单霁翔介绍，良渚古城的外围水利系统主要包括6处高坝遗址、4处低坝遗址和1处长堤遗址。良渚水利工程的功能首先是防洪。借助自然山体，通过高坝围成一个水库区域，下雨时起到积水的作用。如果雨量过大，积水漫过高坝，高坝外围的低坝就可以起到保护作用，阻止大水漫淹古城。低坝外还有长堤，能进一步防止水患。“5000年前的先民们既没有精密的勘测仪器，也没有大型的施工设备，却能通过科学选择与设计，创造出如此巧妙的水利工程，古老的智慧可见一斑。”单霁翔感慨道。

“防洪以外，当然还要实现对自然资源的利用。”单霁翔告诉记者，良渚人的主食是稻米，考古学家在莫角山东坡发现了大量碳化稻谷，估算为1.3万千克，堪称国家粮仓。在稻作农业地区，引水灌溉自然是水利工程的重要功能。据考，良渚人开挖了一条东西走向的河道，把生活区和稻田区隔开。除了起到蓄水、防洪排水、灌溉作用之外，河水还可以作为日常饮用水。可以说，良渚水利工程不仅设计合理、功能多样，而且还考虑到了民生细节。“良渚人的智慧与幸福可见一斑。”他说。

良渚古城跟欧洲的威尼斯一样，是个水城。古城9个城门中，8个都是水城门，需要借助舟楫通行。因此水利工程有一个重要功能，就是通过高坝、低坝调节水量，起到运输作用。单霁翔所著《大运河漂来紫禁城》一书，就是从大运河的物资运输和文化交流作用讲起的，其中有专门的章节讲到运河沿岸的水利工程，与大运河水利工程关系密切的沈括就是杭州人（钱塘人）。

根据设定，当时《万里走单骑》每期节目录制最后都有一个守望行动。“良渚的守望行动设定是 13 分钟。”单霁翔解释说，因为申报世界遗产的过程一般都有陈述环节，陈述要简短、精彩、透彻。各国的代表根据陈述和申报文本表态发言，决定是否同意列入《世界遗产名录》。良渚古城遗址的申报过程，从陈述到表态发言、确认，只用了 13 分钟。最后，主席拿起象征申遗成功的小锤子轻轻一敲。“这轻轻的一锤，是实证中华 5000 年文明的重锤。”每每想到这 13 分钟，单霁翔都会心潮澎湃，“这是专属良渚古城遗址的 13 分钟，意义重大。”

节目组后来给嘉宾们附加了一个任务，在遗址公园中寻找路人一起加入守望行动，并且要求这些人的年龄加起来需要达到 5000 岁。寻人的过程，让单霁翔真切感受到了良渚古城遗址公园的魅力。疫情并未阻挡人们探寻根源的脚步，来自全国各地的游客纷纷热情支持，最后 200 多人加入 13 分钟守望行动中。

“中华文明 5000 年的历史，算下来大概也是 200 代人。我们的历史其实就是这 200 代人一代一代传承下来的。”在现场，看着人群中的孩童、学生、老人用微笑和行动宣誓，那一张张自豪的脸庞让单霁翔深深动情。他一直记得自己的老师、著名建筑学家吴良镛先生说过的那句话，“每一个民族的文化复兴，都是从总结自己的遗产开始的”。他更加坚定，自己的责任和使命就是让更多的人明白这些世界遗产究竟发生了哪些故事，这些故事和我们的当代人血脉相承的东西在何处，这些文化内涵让我们不至于忘了根，才能使中华民族真正找到文化自信。

敬佩，献给充满智慧的先民

文 / 闵庆文

我是一个正宗的理科生，对于观测实验、模型分析等较为熟悉，对于历史并不擅长，从某种意义上说，依然停留在中学时代所学知识的水平上，对于考古这样专业性更强的领域更是十分陌生。只是在2005年从事农业文化遗产及其保护研究之后，才开始对农业历史、农业考古有所关注，也才有机会认识了一些业界大咖，有机会到一些考古遗址地进行考察学习。

但说实话，和这些业界大咖交流中，更多的是听他们不厌其烦地用尽可能通俗的语言向我介绍他们的研究发现，而无法实现我所熟悉领域里的“平等对话”，在一些考古遗址进行考察的时候，常常努力让自己静下来，使劲“冥思苦想”，努力将今天看到的景象与数千上万年前我们的先辈的生活劳作以及数千上万年以来他们生活劳作的变化联系起来。

这是一件非常困难、富有挑战也特有意思的事情。在江西万年的仙人洞与吊桶环遗址，我努力想象1万—1.2万年前，生活在那里的先民如何走出山洞开始人工驯化野生稻，并逐渐培育出地方品种“坞源早”，直到发展为今天的“万年贡米”，衍生出已被列为国家级非物质文化遗产的“万年稻作习俗”。在内蒙古敖汉的兴隆洼和兴隆沟遗址，我努力想象8000年前，生活在那里的先民如何在干旱、贫瘠的农牧交错带将野生狗尾草驯化成至今仍然在种植着的谷子，并衍生出一系列旱作农业技术和民间习俗。这些地方不仅是全国重点文物保护单位，而且江西万年稻作文化系统和内蒙古敖汉旱作农业系统还分别于 2010 年和 2012 年被联合国粮农组织认定为全球重要农业文化遗产。

2019 年 7 月 6 日，在阿塞拜疆首都巴库举行的第 43 届世界遗产大会通过决议，将中国提名的“良渚古城遗址”项目列入《世界遗产名录》。许多人都关注到，良渚遗址是中国新石器时代最完整而庞大的考古遗址之一，是人类创造性天才杰作的代表及早期城市规划和建筑设计的范例，是一种消逝的文化的独特见证，又与现行传统、思想、信仰及艺术有较大关联，是传统的人类居住地的杰出范例，同时还是探索中国文明起源，实证中华 5000 年文明的一片“圣地”。

因为从事专业领域的缘故，我更关注良渚遗址以及良渚文化中所展现的农耕文化，并基于这些考古发现，进行穿越时空的想象：5000 年前，以稻作生产为主的良渚人是如何从事农业生产的？他们的稻作生产与 7000 年前的河姆渡文化时期、1 万年前的上山文化时期的稻作生产有什么联系？广泛分布于太湖流域的良渚文化所展示的农耕文化与今日依然存在于这一地区并极富地域特色的稻作生产、蚕桑丝绸、桑基鱼塘等有什么关系？

良渚文化遗址所发现的稻米遗存并非现知最早的稻米文化遗存，但考古学家在良渚文化的稻米中区分出了籼稻和粳稻、发现了规模庞大的稻米储存，以及石犁和耘田器等所反映的更加精细的耕作管理技术和水利工程，证明了这已是一个以稻作文明为基础的原始国家。

良渚文化遗址出土的包括丝线、麻布等在内的纺织品遗存，特别是一块被鉴定为最早的“绢织物”的纺织品，材质是经过缫制的家蚕丝，其经纬密度达到每平方寸120根，说明良渚文化时期已经掌握了相当发达的养蚕和纺织技术，也足以说明这里应当是丝织技术的发源地。

良渚文化遗址出土的灌溉设施，很好证明了先民们在特殊地理条件下对于水资源管理、农业灌溉和洪水灾害的控制能力。

通过这些考古遗址和中国重要农业文化遗产，我们更加为中华民族悠久灿烂的农耕文明而自豪，也更加敬佩先民充满智慧的创造。

（作者系第十三、十四届全国政协委员，中国科学院地理科学与资源研究所研究员。本文原载于《人民政协报》2022年9月8日第3版）

"中华文明探源·何以中国"之三

陶寺：中华文明开山之功

——中国社会科学院考古研究所研究员、中华文明探源研究项目"中原与海岱地区文明进程研究"课题负责人何努讲述"最早中国"

记者 王慧峰

距今5000年前后，华夏大地上满天星斗般的文明之光向黄河中游聚合。约从4300年前开始，河汾之东，陶寺人夯土建都。土城恢宏，人口密集，规划井然，社会分工明确，初现王权和礼制，中国早期国家基本面貌显现。

自1978年开始，考古学者持续对地处黄河中游、晋南盆地的山西省襄汾县陶寺遗址展开发掘与研究。自2002年陶寺遗址被纳入中华文明探源工程以来，陆续发掘出早期城址、宫殿区、仓储区、中期小城内大墓及观象台基址。从这座距今4300—4000年、规模不断扩大的都邑遗址上，学者们不断破解着“最早中国”的文明密码，深化对中华文明起源的认识。

地处黄河中游、晋南盆地的山西省襄汾县陶寺遗址俯瞰图

中华文明起源的重要支点

1978年，位于山西临汾市襄汾县陶寺乡的塔儿山西麓，考古工作者用手中的探铲和手铲，翻开了厚重的黄土地，开启了一段事关中华文明起源的重大考古发现。

中国社会科学院考古研究所研究员、中华文明探源研究项目“中原与海岱地区文明进程研究”课题负责人何努担任陶寺考古队队长已整20年。20年，于浩瀚五千年，不过转瞬之间，但对一个学者而言，便是半生心血的倾注。

2001年9月，提前一年获得博士学位的何努第一次来到陶寺。那时的他没有想到，从此以后自己的人生与这片土地紧紧地联系在了一起。转年，何努成为中国社会科学院考古研究所山西考古队第三任考古队长，主要负责陶寺遗址的考古发掘。

“一些出土器物，显示了陶寺在精神、文化和技术上达到的罕见高度。”一贯谦和沉稳的考古学家，每每谈到那些4000多年前的点滴便神采飞扬，娓娓道来，不知疲倦。在他的讲述中，一个宏伟的史前城址穿越时空，缓缓向我们走来。

1958年，考古人在襄汾陶寺村进行调查时，从大量散落于地面的灰陶片发现了这里可能存在一个新石器时代文化遗址。20年的多次复查探查求证，陶寺终于在1978年开启发掘，这次发掘持续到1985年，以发现龙山文化时期最大的墓地，一举轰动考古界。陶寺文化，由此正式确立。

1984年，考古工作者在考古发掘中发现一扁壶残片，残片断茬涂朱，扁壶外壁上朱书两字，早于甲骨文500余年。朱书文字将汉字的出现至少推进至4000多年前，被视为探索中华文明起源的重大突

地处黄河中游、晋南盆地的山西省襄汾县陶寺遗址现场

破。此外，最早的中国龙形象，即见于陶寺遗址出土的彩绘蟠龙纹陶盘。

规模空前的城址，黄河中游地区最大的王墓，世界最早的观象台，中国最早的石磬、陶鼓、鼍鼓礼乐器组合，气势恢宏的宫殿，独立的仓储区，官方管理下的手工业区……近年来，随着考古发现不断丰富，学界对陶寺遗址及其所体现的中华文明根脉的认识也更加深刻。

陶寺文化在中华文明形成过程中具有重要的时空关键点，我国现代考古学家苏秉琦将其所在的文化区间视为“中国文化总根系中一个最重要的直根系”。他曾说，在中国文明起源的历程中，作为帝尧陶唐氏文化遗存的陶寺文化，构成一座伟大的历史丰碑，它是中国正式踏进文明社会的界碑石。

“没有哪一个遗址能像陶寺遗址这样，全面拥有文明起源形成的要素和标志。”陶寺，已是实证 5000 多年中华文明历程的重要支点和基石。

“最早中国”

在至少 280 万平方米面积的遗址中，空前规模的城址，气势恢宏的宫墙，布局规整的墓地，世界上最早的观象台，迄今为止最早的汉字，成组成套的礼器，官方管理下的手工业区……在何努的讲述中，一个早期国家都城的盛大气象跃然眼前。

“从目前的考古研究来看，陶寺是‘最早中国’。”何努说。

近些年来，随着中华文明起源考古探索的逐步深入，“最早中国”之争成为持续火热的话题。种种考古迹象足以表明，陶寺在 4000 多年前就已经有了早期国家的形态，迈入了文明社会，是中原地区最

中国社会科学院考古研究所研究员、中华文明探源研究项目
“中原与海岱地区文明进程研究”课题负责人何努在考古现场做发掘工作

地处黄河中游、晋南盆地的山西省襄汾县陶寺遗址俯瞰图

早进入初级文明阶段的都邑性城址。有许多专家学者提出，陶寺遗址就是帝尧都城所在，是最早的“中国”。

“中国古代的‘中国’概念，不是民族国家范畴里的‘中国’，诞生于西周何尊铭文‘中国’之前。”何努向记者解释，“中国”概念最初的诞生应包括“中”和“国”这两个概念:“中”是地中的概念，“国”则是国家社会形态及其国都。

2003 年，何努和同事们发现了一座古观象台，其位于陶寺古城遗址东南方向，有 3 个圈层半圆形的夯土结构。第三圈内的 11 座夯土柱由西向东呈扇状辐射排列。古人透过柱与柱之间的缝隙观测正东方向塔儿山日出的半切或下切，以此来确定当时的节令，为社会生产生活提供最基本的服务。这与《尚书 · 尧典》中“观象授时”的记载恰好相符。

按照考古专家和天文学家的初步结论，该观象台建造于公元前 2100 年的新石器时代末期，比目前世界上公认的英国巨石阵天象崇拜遗迹还要早近 500 年，是世界上最早的观象台。在何努看来，在体现农本、民本的同时，观象台也是王权科学软实力的一部分。

此外，陶寺都城遗址王族墓地出土的圭尺和圭表，组成了世界最早的天文测量仪器圭表系统，不仅可与陶寺观象台相辅相成地制定历法，更重要的功能为通过测量夏至日晷影判定“地中”。陶寺圭尺第 11 刻度长度为 40 厘米，合陶寺 1.6 尺，是四千年前晋南地区的地中标准刻度。这个地中刻度的存在，表明最初“中国”的概念的诞生——地中之都，中土之国。

“在不同的历史时期，‘中国’概念的内涵与外延都有所变化，然而不变的基因是对地中、中土以及‘地中之都’‘中土之国’的观念认同。因此，判断最早中国的标准，应当是‘地中之都、中土之国’观念的出现。”

何努认为，以地中概念为核心的“中国”概念，被夏商周三代继承与固化，并成为夏商周三代“统一多民族”王朝国家的“国家认同”，标志着中华文明多元一体的核心主干，在中原地区最终形成，瓜瓞绵绵，不断发展迭代，以致今日之中国。

考古学上的国家概念判断的核心为都城，都城应有城墙、宫殿区（宫城）、大型宗教礼制建筑（天坛、观象台、地坛）、王陵区、工官管理手工作坊区，同时还应该有政府掌控的大型仓储区（国库）和普通居民区这些指标。“根据发掘的成果来看，陶寺社会贫富分化悬殊，少数贵族大量聚敛财富，形成特权阶层，走到了邦国时代。”他说。

“我们可以非常自信地认为，只有陶寺是有物证来证明陶寺就是最早‘中国’。”何努说。

“开山之功，功不可没”

“君处庙堂之高，锦衣玉食。民居江湖之远，一贫如洗。”

“到了中期，城中掌权者易手。城址扩大数倍，社会更趋繁盛。官营的手工作坊里，工匠们从事重要石器工业和制陶生产，最初的文字被用于国家管理，表现为官职的标志。”

“文明持续 300 年，不料一朝衰落。乱世者，毁宫殿，扒城墙，挖祖坟……”

考古学的作用更像是开启关于人类过去的另一幅历史画卷，它同历史文献是相互辉映的，同时这幅画卷也更加丰富和立体。

“考古最吸引我的，是我可以跟 4000 多年前的人物对话。”在何努看来，这样的快乐很少有人能够体会。

据先秦文献记载，当时的“天下”，是指四海之内“东西二万八千里，南北二万六千里”。对此，人们往往以为出处不清，不足采信。何努通过陶寺遗址的圭表实验推测，推断该套地广数据是陶寺文化以陶寺遗址为中表的四表之间的实测直线距离。尧舜举全国之力，派出羲叔、羲仲、和叔、和仲完成了这项天文大地测量，理想化的国家政治版图正是由圭尺“中”来实现。

通过对时间与空间的精准管理来为王权与社会政治服务，成为陶寺邦国政治与制度文明的重要组成部分。“陶寺邦国的时空政治文明核心基因就是经天纬地，标志着中国文明中政治与制度文明对时空管理的肇端，被后世历代王朝继承完善。”何努表示。

“陶寺文化对中国文明主脉的贡献，在制度建设层面上集成创新的贡献是巨大而深远的，更加证明陶寺文化是中华文明主脉核心形成的起点，其各项制度的集成创新是关键。”几十年来，通过分析都城制度、宫室制度、礼制建筑制度、府库制度、住宅的等级制、丧葬制度、礼乐制度、铜礼器制度、天文历法垄断制度、度量衡制度、工官管理制度，何努得出结论，那就是陶寺全方位地奠定了后世中国历代王朝的制度建设基础，并形成了一些中国文明当中制度文明传承的稳定基因。

“中华文明五千年，瓜瓞绵绵，其中制度文明基因的继承与发展，至关重要，而陶寺文化制度文明继承创新的开山之功，功不可没！”他说。

何努在陶寺遗址宫殿区发掘现场

何努：证据链中寻找尧舜

文 / 王慧峰

在距今 4300 年前，一座巨大的城伫立于塔儿山西麓，如今，已有越来越多的证据证明它就是帝尧和帝舜的都城所在。

陶寺遗址的考古发现与研究，不仅诠释了“最早中国”的概念，同时也初步建立起一条比较完整的证据链，证明陶寺为文献记载中的尧舜之都，使“尧舜禹”走出传说时代，正成为信史。

记者：历史上曾经有很长一段时间，国内外学界都认为尧舜禹是一个传说时代。

何努：是的。在夏商周之前，我们历史上有一个时代号称“传说时代”，也就是包括尧舜禹时代在内的五帝时代。这个时代到底是不是一段中国信史，大家一直在探讨。

如果要探索尧舜禹是否存在，首先我们要有一个突破点，就是他们的都城在哪里？经过 40 余年陶寺遗址考古发掘与研究，我们已初步建立起一套比较完整的考古—文献—人类学证据链绳，指向陶寺都城遗址为尧舜之都。

记者：这个证据链绳是如何一步步完整扎实的？

何努：关于尧都，我们文献上记载是有的，但有多种说法，其中有几种说法得到的认可较多，当中一个就是《水经注》提到尧都平阳。对于平阳在哪儿，大家的认识是比较一致的，就是现在山西临汾一带。此外还有很多其他说法，比如山东定陶、河北唐县也有尧都之说，豫东南地区、晋南的芮城地区还有舜都之说，等等。但仅从文献角度来确定尧舜都城到底在何处，很难定论。

因此，我们首先进行人类学的考古探索，也就是先探索一处遗址它是不是一个都城。在确定了它是都城之后，也就是回答了人类学的考古问题之后，就要回答下一个问题，也就是进入历史学话语体系里考古的范畴了。

关于陶寺是尧都，早有学者提出这个观点，但缺乏系统过硬的论证。我们要把这些发掘出来的考古资料和相关的文献记载形成一套证据链，同时结合当地的人类学材料，包括当地民俗、传说、方言、地方志、地名、家谱等，这三股证据链拧成一股绳，指向同一个趋向，最终得出结论。

记者：已有越来越多的考古材料证明陶寺最有可能就是帝尧都城所在。人们自然会接着问“舜都在哪儿”？

何努：陶寺作为尧都的证据是越来越多的，但是陶寺不只有早期，它的中期则成为更大的都城。如果陶寺早期是尧都，那么中期是谁的都城？有文献记载说“尧舜并都之”。《尚书序》孔颖达提到舜的诞生和虹有关，虹在甲骨文中被描绘成双头龙或者蛇，而我们在陶寺遗址中期 IIM22 出土的双头龙玉佩，恰好与之对应。

而《说文》曰：“舜，舛也……蔓地连华。象形。”我们在陶寺中期贵族墓出土的双耳罐上，就发现了漫地勾连花纹，不妨推测这种纹样是舜王族的标志。

文献记录舜统治时期有井、仓廪、牛羊与宫室等，而这些在陶

对广大考古工作者而言，风餐露宿是家常便饭

寺遗址中都有考古发现。综合考古发现以及文献记载，我们认为，陶寺很可能是传说中的尧舜之都。

记者：中国考古学已走过百年历程，您从事考古事业 40 多年，主持陶寺遗址发掘与研究也整整 20 年。一定有很多心得感悟分享。

何努：100 年来，我们的国家有了天翻地覆的改变，我们对自己的民族、自己的文化的认识，也因为有了考古而全然不同。100 年前，史书中中国历史的开端是三皇五帝、尧舜禹汤，而经过考古人的发掘与研究，我们在地层中逐步找到了中华文明最初的模样，找到了 5000 年文明史的实证，而这，也就是寻找古老中国的意义所在。

正如习近平总书记所指出的那样，“中华文明探源工程取得的成果还是初步的和阶段性的，还有许多历史之谜等待破解，还有许多重大问题需要通过实证和研究达成共识”。

中国的考古学界最终无法逃避回答传统文献中所说的“三皇五帝”文化、社会、历史是否曾经真实存在过。假如“三皇五帝”确实是秦汉人虚构的，考古学如何来证伪？假如“三皇五帝”是真实存在的客观历史，那么考古学又如何来证实？这都需要考古学理论与方法论层面上专门的探索与思考。

新时代，我们更加需要系统研究中国历史和文化，更加需要深刻把握人类历史发展规律，只有在对历史的深入思考中汲取治理智慧，我们才能走向更加美好的未来。

向那些发现“陶寺”的考古学家们致敬

文 / 贺云翱

地处黄河中游的山西，是一方文明的沃土。黄河与太行护卫左右，使之成为汇聚中原、关中与北方草原地带多元文化的长廊和宝地，而流经其中的汾河平原，则成为发育农业和城市乃至国家文明的摇篮。为此，在近些年开展的“中华文明探源工程”课题中，山西当然成为世人瞩目之处，而陶寺遗址又是其中的一位“骄子”。

2021 年 9 月，全国政协“不可移动文物的综合保护与利用”调研组在刘奇葆副主席率领下到了陶寺，我有幸作为其中的成员，在遗址现场听取了中国社会科学院考古研究所陶寺考古队队长高江涛博士的介绍，也目睹了考古学家们在此发现的4500年前左右的城垣、宫殿、观象台以及墓区等重要遗迹。当时，站在遗址上，想着脚下这块土地竟然埋藏着一座神秘的“文明古都”或“尧都”，还被专家们誉为是“最早中国”所在，不由得对发现和认识这一在中华文明探源工程史上拥有特殊地位的遗存的考古学家们产生深深的敬佩。

陶寺遗址位于山西襄汾县城东北约 7.5 公里处的古崇山（今俗称塔儿山）西麓。在新中国成立不久的 50 年代初，已被山西省文物工作委员会发现，并成为省级文物保护单位，后又经过三次复查，但是那时的人们还没想到它究竟包含着哪些重要信息。据最早主持陶寺遗址考古发掘的高炜先生回忆，中国科学院考古研究所（1977

年后隶属中国社会科学院）在 1959 年就成立了山西工作队，首任队长张彦煌先生带领一批考古人用三四年工夫在晋南从风陵渡到临汾约 8000 平方公里的范围内调查到 300 多处遗址。1973 年，山西队向苏秉琦先生讨教，如何在这 300 多处遗址中确定课题，又从何入手？苏先生提出以“探索夏文化”为课题，从寻找到“有都邑性的大遗址”入手。在苏先生的启发下，张彦煌、徐殿魁、高炜、叶学明等一批考古学家从 306 处遗址中选出 26 处进行复查，在此基础上又提出今后在晋南工作的四个首选目标，其中第一个就是陶寺遗址，可见当时这批考古学家们拥有多么深邃的学术眼光。

转瞬间到了改革开放的年代。1978 年，中国社科院考古研究所山西工作队与临汾行署文化局共同组成了陶寺遗址考古队，由高炜先生任队长，高天麟、张岱海、解希恭等成为重要成员，但是当时主张发掘陶寺遗址的决策者却是考古研究所所长夏鼐先生。

苏秉琦先生和夏鼐先生都是对中华文明起源有着特别研究和贡献的著名考古学家。苏先生写过《中国文明起源新探》，夏先生写过《中国文明的起源》，都是享誉中外的名著。陶寺遗址考古后来能有惊人的发现，离不开这两位考古大师的最初点拨指导。如果再让我们把目光回望一下，其实早在 1925 年 3 月，有“中国考古学之父”称誉的著名考古学家李济先生代表中国人在中国土地上开展的第一次考古发掘，选择的就是为探索“夏文明”而开展工作的山西夏县西阴村遗址。确实，在陶寺遗址发掘之后的研究中，仍有诸多先生认为：陶寺可能就是历史文献记载中的“夏墟”，是中国夏文明的开启之地！

1978 年到 1983 年，陶寺遗址第一次考古发掘是在高炜先生主持下展开的。这次发掘的主要成果是“确立了陶寺文化”，其年代大约在公元前2600—前2000年或公元前2500—前1900年间，又“理出晋南从仰韶文化经由庙底沟二期文化发展为陶寺文化的脉络”，关键是获得了一批极其重要的材料，“遇到过去从来没有见到过的，甚至想都想不到的一些现象”。

在2000年左右，梁星彭先生在陶寺遗址发现了夯土基址和城墙，确认陶寺是龙山时代规模最大的城址，使陶寺考古在此获得重大突破。同时还新发现一处墓地，墓中出土铜齿轮形器、玉瑗、玉璇玑等礼乐重器，从而认识到陶寺可能是4000多年前的一处重要都邑性城址。

陶寺考古中更重要的一个时期始于2002年。从这年起，考古学家主动按照“中华文明探源工程预研究”之“聚落反映社会结构”课题探索陶寺中期城址内布局的要求，采用聚落考古、科技考古、环境考古、天文考古等多种方法，相继发现陶寺早期城址、围在中期城垣内的独立贵族墓地、更丰富的玉器和漆木器随葬品、宫殿建筑遗存；尤其是中期小城祭祀区内出现的形状奇特、结构复杂、气势宏伟，可能集观测与祭祀功能于一体的大型建筑遗迹等。主持这一时期考古工作的何努先生等依据这些新的发现，认为陶寺文化兴起时就直接伴随着城址的出现，这意味着陶寺文化从诞生之时就打上了“都邑文化”的烙印。

2010年，陶寺考古及其文明探源的“接力棒”交到了年轻的考古学家高江涛博士的手上。他在前辈工作的基础上进一步拓展思路，寻求更新突破，结果发现了手工业区的大型“官署”建筑和一座近13万平方米的宫城遗迹，这一重大发现向人们展现了陶寺古城复杂的空间结构和中国最古老的都邑宫城建筑形态及其布局。该发现也因其特殊价值而入选2017年中国十大考古发现。

2021 年 9 月，我们一批全国政协委员也见证了陶寺文明探源考古的历史。站在陶寺遗址上，听着高江涛博士娓娓道来，那确实是一种“站在巨人肩膀上”的自信和深情，因为“几代人”的努力，他们发现了“最初的中国，华夏的主脉”。

那天，在离开陶寺遗址的时候，我又回看着渐渐远去的考古现场，那里似乎闪现着李济、夏鼐、苏秉琦、张彦煌、高炜、何努、高江涛等一位又一位考古学家辛勤的身影，没有他们的相继付出，“陶寺文明”之谜不知道还要到何时才能解开！

（作者系第十三届全国政协委员，南京大学文化与自然遗产研究所所长。本文原载于《人民政协报》2022 年 9 月 15 日第 3 版）

"中华文明探源·何以中国"之四

石峁：相隔千年宛如初见

——专访石峁遗址考古队领队，陕西省政协委员、省考古研究院院长孙周勇

记者 司晋丽

对个人来说，要完整保存几十年的记忆都不是一件轻松的事情。然而，有些文明却已经在中华大地上漫游了几千年。

位于陕西榆林神木市高家堡镇的石峁遗址就是这样一种存在。这座城址初建于公元前 2300 年前后，面积达 400 万平方米以上，距今已有 4000 多年，是中国已知规模最大的龙山时代晚期城址，被誉为“石破天惊”的重要考古发现。

来自 4000 多年前的一枚枚玉器，通过考古学家的手铲，从黄尘古道走来，与今人照面。它沉默不言，却是几千年朝代更迭、疆土变迁的见证者。这，令人对中华文脉有了更深一层的思考和敬畏。

石峁遗址皇城台鸟瞰图

“北方最大的一座城址”

记者：石峁遗址被誉为“中国文明的前夜”。乍一听，这是一个距今4000多年的史前文明，但如果用夏朝建立的前夕这个方位来表述，就亲近多了。这样一想，好像穿越4000年也如电光石火一般，并不遥远。

孙周勇：一眼千年，这正是考古的魅力所在。考古学是一个不断发现的学问，是通过物质资料来说话的学科，通过实实在在的文化遗迹或者文物，不断地更新或者纠正着人们原先对于历史、对于文明的认识，这些实物连接着文明的过去、现在和未来，让人感受到新奇、不可思议的同时，又对我们一以贯之的中华文明充满自豪感。

记者：您是在什么样的机缘下加入石峁遗址考古工作的？可否大致梳理一下这项工作走过的历程？

孙周勇：作为陕西人，又是考古科班出身，我很早就开始关注石峁了。石峁考古调查工作全面启动是在2011年，由我担任领队。自2012年开始持续大规模发掘后，我们首次用数字化技术手段对遗址残存城墙的走向进行了测绘，确认了石峁遗址是以“皇城台”为中心、内城和外城以石砌城垣为周界的一座罕见大型石头城，城内面积逾400万平方米。皇城台具备了早期“宫城”的性质，发现有玉器、石范、壁画等象征身份等级的“奢侈品”，以及铸铜、制骨等早期“核心技术”催生的生产遗存，这些实物为我们勾勒出当时石峁的“王”和高等级贵族们在台顶近8万平方米的空间生活的场景。2012年，我们公布了外城东门址考古新资料，这处有着两重城垣、规模宏大的史前城址，引起了学术界的强烈关注。现在，皇城台的考古工作仍在进行。

石峁遗址的考古挖掘是几代人集体性的成果。放在陕西考古、中国考古的历史中，每一代人都只是很小的一个片段。早在 1958 年，考古学者就首次关注到石峁遗址。从 1976 年开始，北京大学、中国社科院考古研究所、西北大学、陕西省考古研究院等单位的几代人就几乎没有停止过在遗址上进行调查、勘探、发掘、研究，才形成

石峁遗址考古队领队，陕西省政协委员、省考古研究院院长孙周勇

石峁遗址鸟瞰图

一张比较宏观的图。很多上级领导到陕西省考古博物馆考察时，我都会讲解说，挂在墙上的每一张图、图上的每一个点背后，都有一群人在那里工作了几个月、几年甚至几十年。

记者：那么，石峁城址建于距今4000多年前，这个时间是依据什么样的标准来推测的？

孙周勇：2010年，当时的神木县向陕西省文物局报告，说石峁遗址发现了大量玉器、陶器等文物。从消息推测，我想这个地方肯定非同一般。我们团队也几次到遗址去考察过，看到了后来被确认为城墙的石墙。但刚开始为什么没能认定这是一座石城？因为石墙是断断续续的,加之过去大部分学者认为石墙包括皇城台一些护墙，可能是战国时期秦长城的附属设施，谁都没有推测到会是城墙。转折点是2011年我们进行的大规模考古调查。我们把整个区域10多平方公里的每一寸土地都跑遍了，然后绘制成一张图。当把石墙和龙山时期的遗物匹配到一张图上以后，发现有一个高度的吻合，直观判断它应该是龙山晚期的一座城，如果确认的话，将是整个北方地区最大的一座城。后来也是通过与龙山文化时期的典型遗物相关联对比，判断到石峁遗址能追溯到4000多年前，也就是龙山时代晚期至夏代早期，是公元前2000年前后中国所建规模最大的城址。一些学者还从聚落和社会的层面进行了相关研究，甚至上升到文明或国家起源的高度，认为石峁可能已经进入早期国家的发展阶段。

记者：跑遍10万平方米，一定是个艰辛漫长的过程吧？

孙周勇：“广大考古工作者风餐露宿、青灯黄卷。”这是一个非常真实的画面。现在回想起当时还是略带心酸的。1996年我们从西安去榆林考古，虽然在一个省内，但铁路还没有通，我们开一辆吉普车，一走就是三天，忍饥挨饿也是常事。后来，我国第一条沙漠高速——榆林到靖边高速公路开通后，我们就坐一晚上的大巴车，历经十几个小时，第二天早上到了开始工作。即使在考古发掘工作大规模启动早期，考古队的工作和生活条件依然很艰苦，没地方住，就住老乡家废弃的窑洞；没水喝，就喝窖水；手机信号基本不通。现在的条件不可同日而语了——西安到榆林的航班每个小时就有一趟，和公共汽车一样便利，开车的话 6 个小时就能到达。遇到野外一些复杂路况，普通车辆到达不了的地方，可以租辆越野车。我们还在当地建起了自己的办公室。

在文化的交流中体现了“多元一体，兼容并蓄”

记者：近年，随着文博类综艺节目的播出，让文物开口“说话”成了一个流行的现象。如果让您选择一种能代表石峁的文物，您会选哪一种？

孙周勇：倘若在石峁发现大量的石雕之前，我首选的肯定是 1976 年发现的一批 27 件牙璋，这个牙璋被认为可能是后来流行在东亚地区的牙璋的祖形和发源地。现在，我会选择皇城台的石雕。石雕原本是大型宫殿上的装饰，营造出一种比较有仪式感、威仪、震慑力的氛围。受疫情影响，目前实地参观还不是很方便。《人民政协报》的读者感兴趣的话，可以先在网络上找一些图片看看。石雕的图案分几种，有一种典型的神面型图案石雕体量庞大，形象也特别丰富；第二种是似兽非兽、似人非人的神面状的，有的像饕餮纹，有点儿像良渚的纹饰；还有的是比较写实的，脸部圆润带着笑容，但因为要刻画在石头上，就会被拉长成为近乎方形的，像商代的青

石峁遗址皇城台的石雕

石峁城址外城东门发掘鸟瞰图

铜人面鼎。第三种是阴刻的线条，基本上是一种浮雕的创作方式。艺术创作肯定是夸张化、拟人化的。我们推断，这要么是石峁王国的祖先，要么是英雄一类的人物形象。每每与他们注视，我都能感觉到他们也正在看着我，想对今人讲述曾经的一件件趣事，或倾吐往昔的荣耀。

记者：您前面讲到，石雕上的饕餮纹和良渚的纹饰有些相似。这让我联想到，石峁和良渚的另外一个共同点，都出土了大量玉器。而且据说，这两个地方的玉器还有所相似。这是否说明，在几千年前，不同的文明就在融通、交汇？如果是的话，会是通过什么样的介质来实现传播的？

孙周勇：当石峁出现时，良渚文明已经衰落了，这两种文明是此消彼长的关系。但是正如你所说，我们在石峁看到良渚时期的玉琮，当然这种玉琮已经被改制过了，在良渚是典型的一个天圆地方的柱状，而在石峁时期就被切为薄片了。这说明古人上层社会高等级的礼器或者说奢侈品，交流的网络一直是比较通畅的。石峁处在欧亚草原廊道的南端，也是一个交通发达的地段，它汇集了很多文化：有西北方的齐家文化的一些典型的因素，跟陶寺遗址有很密切的关系，同时也可能跟关东地区、中原地区产生过一定的交集。其实很多文化都能看到类似的现象，一个强势文化在产生形成的时候，会吸收周边的一些文化因素，也就是说，在同一时期，文化之间的互相交流影响是一直存在的。这些年，我们还在皇城台发现了扬子鳄的骨板和一些海贝，现在想来很不可思议！这都是长江流域或者大海里面才有的东西，可是它们竟然很早就出现在西北内陆。所以，从考古发现的角度来说，这体现了中华文明探源工程所讲的“多元一体，兼容并蓄”的文化面貌。至于你问我，当时文化交流的工具是什么，究竟是车、马还是船，坦率说我也不清楚，到现在依然是未解之谜。

记者：除了皇城台展示的王和贵族的生活场景外，有没有发现当时普通人的一些生活情况？

孙周勇：我们团队通过植物遗存，分析出石峁的生业特点以农耕生产为主，兼营家畜饲养业。农作物种类主要包括粟、黍两种小米；豆科植物较丰富，显示家畜饲养业也占据了很大的比重，农牧交错带的生产特点也许在当时已经形成，石峁先民已经能够饲养上述动物作为家畜并自给自足地满足日常生活需要。

考古就是不断迫近历史真实

记者：石峁人是怎么消失的？

孙周勇：石峁城址废弃于公元前1800年前后，现在还没有确凿的原因。但我们观察到一个普遍的文化现象：在大河套区域，就是广义上的北方区域，内蒙古的中南部、山西的西北部、陕西的北部大概10万平方公里这个范围里头，从距今4000年前后发展到3800年前后的时候，整个前期遗址里的人突然都消失不见了，石峁人也不例外。一群来自“蛇纹鬲遗存”的人，占据了石峁人生活的地方。石峁人的消失很可能跟气候变化，或者是资源的日趋紧张、战争因素有关。

记者：石峁遗址也属于“中华文明探源工程”的一部分，这个平台对考古工作产生了怎样的影响？

石峁遗址外城石墙

石峁遗址外城南端城墙内立面及走向

孙周勇：“中华文明探源工程”是很重要的一个平台。几次很重要的工作，包括在关键阶段确定石峁遗址的性质和认定它的价值的时候，都是以探源工程的专家们为主，在现场召开了几次重要的、具有节点意义的会议。记得2012年，张忠培先生、李伯谦先生都说这个石峁古城是一个“石破天惊”的发现，会改变我们关于中国早期的一些认知的高度。

记者：中国考古已经走过100年了，您怎样看待这项事业？

孙周勇：我的回答应该跟大部分的学者是一样的，考古发现是在不断地丰富古人社会的真实图像，不断迫近历史真实，但永远不可能完全复原，因为我们通过史书记载看到的往往是后代或者更远的人追溯前代的历史，很少有当代来记述的。所以，“地下这本书”应该是最能够客观真实反映当时社会的真实途径。

石峁遗址的几处重要考古发掘

口述／孙周勇　整理／司晋丽

（一）皇城台

皇城台的考古发掘始于2016年，目前已揭露出皇城台门址及东护墙北段上部及台顶大台基南护墙，是石峁最核心的工程区域，作为目前东亚地区保存最好的早期宫城，皇城台层层设防、众星拱月般的结构奠定了中国古代以宫城为核心的都城布局。

皇城台门址由广场、瓮城、南北墩台、门道等组成。广场由基本平行的两道石墙围成，平面呈长方形，面积超过2000平方米。在外瓮城外侧的墙根处，发现完整玉钺两件。门道内为石板铺砌的路面，陡坡状攀升至台顶，路面的部分石板上发现阴刻“符号”。最新考古发掘中，门址和东护墙北段上部出土的陶、骨、石、玉、铜等各类遗物数以万计。皇城台发现的制作铜器的石范，为国内已知最早的铸铜遗存之一；陶瓦是公元前2000年前后国内数量较大、区域位置最北端的发现，暗示着台顶存在着覆瓦类高等级建筑；“弃置堆积”中出土的万余枚骨针以及“制作链”各阶段的相关遗物，暗示着皇城台顶部可能存在着大型制骨作坊。皇城台还出土有不少于20件的骨制口簧，口簧在现代被叫作“口弦琴”，是目前世界范围内年代最早的口簧。2018年在台顶发现了一座夯土筑芯、砌石包边的大型

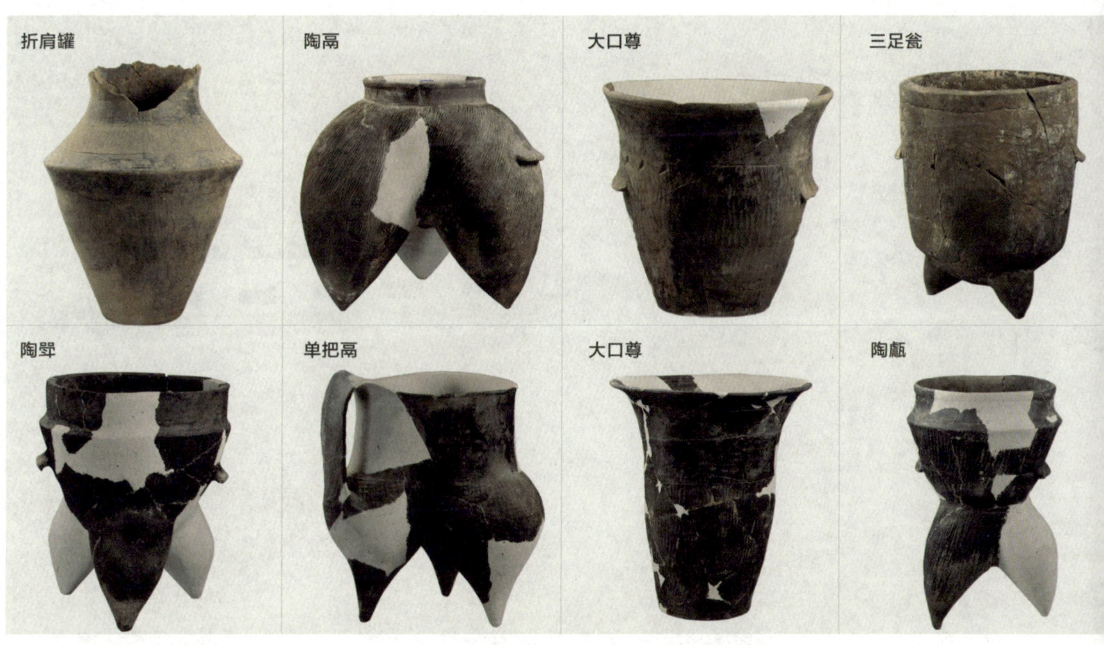

石峁遗址出土的陶器

石峁遗址外城东门址外瓮城北端东侧石墙内的玉铲出土状况

建筑台基。台基已揭露出的南护墙上发现有 30 余件石雕。这些石雕可能与石峁先民砌筑石墙时“藏玉于墙”或修筑建筑时以人头奠基的精神内涵相同，代表了先民对皇城台的精神寄托。

（二）外城东门址

外城东门址是石峁遗址全面揭露的第一处重要遗迹，由内外瓮城、南北墩台、门塾等设施组成，周边地层及遗迹中出土了玉铲、玉钺、玉璜、牙璋、陶器、壁画和石雕头像等重要遗物。

外城东门一带石墙内埋葬玉器的现象尤为引人关注。根据其出土状况分析，这些玉铲、玉璜、玉钺等器物应是城墙修建过程中有意嵌入墙体的。石峁遗址所见将玉器置于墙体之内的现象，或符合上古文献或神话中提到的玉门、瑶台、璇门的相关记载。作为石峁人在信仰层面的驱鬼辟邪观念催生的精神武器，石峁外城东门址所见杀戮奠基及墙体藏玉现象，极大满足了辟邪神话寄托及“宗教中心”的向心功能，也成为其凝聚周边中小型聚落的核心手段。外城东门址是中国史前城建史上规划最为复杂、设施最为齐备的实例，设计精巧、结构复杂、装饰华丽，筑造技术先进，被誉为“华夏第一门”。

（三）韩家圪旦居址与贵族墓地

韩家圪旦系石峁城址内城的一处居葬遗址，出土陶、石、骨器千余件。韩家圪旦地点发掘的墓葬多为竖穴土坑墓，规模在 2 平方米以上，最大者长约 4 米，宽约 3 米，深 6 米，墓室面积 12 平方米；最小则仅可容身。规模差异显而易见。韩家圪旦地点早期作为居址使用，晚期考古研究时居址废弃，作为墓地使用，聚落功能发生了巨大的更替。虽然该墓地被严重盗扰，但仍然能够从规模上判断其为石峁遗址内的一处大型贵族墓地，墓地主人出现了身份差异及等级区分，社会复杂化倾向加剧。

（四）樊庄子哨所

樊庄子哨所位于石峁城外的东南方向，与外城南墙上的一处城门隔沟相望，与外城城墙直线距离约 300 米。哨所系在自然土峁顶部垫土找平后再修构石砌建筑。石砌建筑可分为内外两重“石围”，内围位于山峁顶部正中，平面大致呈东西向长方形，长约 14 米，宽约 11 米。除西墙外，其余三面墙体保存比较完整。根据方形石围内侧均匀分布的壁柱槽分析，或应为一座用柱子架撑的“哨所”，其功能或与登高望远观敌瞭哨有关。樊庄子哨所与其他四座同类遗迹共同构筑城外的“预警系统”。

石峁遗址出土的玉人头

不断的追问

文 / 叶小文

习近平总书记说，认识历史，离不开考古学。考古工作是展示和构建中华民族历史、中华文明瑰宝的重要工作。

囿于专业所限，我以前对考古并没有太多的了解。直到今年全国两会闭幕后，我们在全国政协委员读书群里开启了对中华文明起源的探讨，这也是我第一次如此深入地了解考古的魅力。文明探源意义重大，然而，要拿出实证，则必须通过考古学家手中的武器。

王巍、袁靖、王震中等专家在读书群里现身说法，令大家了然，正是通过考古挖掘，良渚、陶寺、石峁、二里头这些“明星遗址”，得以穿过历史尘埃，来到我们面前，让我们得以一睹先人之貌。在中华文明五千年的历史长河里，不只有灿然的群星，还有不灭的人间烟火，这是老祖宗给我们独有的馈赠。

在读书群中，有读者提问：“新石器时代，以农耕为基础的满天星斗、重瓣花朵的区域文化，为什么最后月明星稀，只有二里头文化一枝独秀？”

群里书友认为，这是个“大哉问”，极为深刻，需要深究。因为这一问题不仅涉及中华文明的起源，而且也涉及中华文明的发展为何唯一没有中断而延续至今，一石激起千层浪，书友讨论纷纷。集各位高见，我认为，中国“大一统”传承的“一元”基础，也可以说，正是接地利、应天时、顺人和——地利天时人和。

“地利”，概括地说是一条长江、一条黄河，尽管奔腾千年、时而泛滥甚至改道，但一直孕育着、紧系着中华民族，这是不争的事实。顺着长江流域和黄河流域扩展开去，拉住长城内外（游牧民族与农耕民族，都向着生产方式相对更先进的一端融合），走向大海大洋（顺流而下，进入南海、东海，深入太平洋）。所以，讲一元多样之“元”，作为中华民族母亲河的长江黄河，乃是承载中华文明“地利”的“大哉乾元，万物资始”。

如果“地利”是“形而下”的，“天时”就是载于“地利”之上的大趋势、大规律，是“形而上”的。

正是气候环境变化，人类为了生存必须从森林走向农耕，人类文明就开始萌生了。青铜器极大地提高了农耕的生产力，二里头文明就诞生了。我认为，接地利、应天时，必致“顺人和”，即中华文明“始于一元多样，归于多样一体”，也即中国“大一统”传承的“一元”文化基础。

最新的考古发现和学术研究不断拓展我们对中华文明起源、形成、发展历史脉络的认知。中华文明从距今 5000 年到 4000 年期间形成的各区域文明各自发展交流共聚，转变为中原王朝引领的一体化性进程，展示出多源汇为一体的发展路线。面向未来，继续推进、不断深化中华文明探源工程，逐步还原文明从涓涓溪流到江河汇流的发展过程，需要在考古实证的基础上进行由此及彼、由表及里的理论分析。同时，关于不同时期的文明发展历程还有许多谜题等待破解，尤其是中国早期文明的发展特征还有待深入研究。只有在不断的追问中，我们才会距离真实最近。

这期“中华文明探源 · 何以中国”系列报道所展示的陕西石峁

考古就是中华文明探源工程的一个缩影。在石峁，我们不仅感受到北方远古老城址的雄峻，更能体会到不同文明的交融交汇和兼收并蓄，在文明的涌动中，感古通今，追本溯源。收录石峁考古过程和资料的陕西考古博物馆是唯一一个以考古学科命名的博物馆，对考古学科的理论方法，以及文物保护和重要考古发现进行了比较详细的展示，大家如果有机会去参观遗址，一定不要忘记造访这个考古博物馆。

中华文明“始于一元多样，归于多样一体”。把“一元”的圆心固守住，把包容的多样性（多线性）半径尽量拉长，画出最大同心圆，永固中华儿女大团结！

（作者系第十三届全国政协文化文史和学习委员会副主任。本文原载于《人民政协报》2022 年 9 月 22 日第 3 版）

"中华文明探源·何以中国"之五

二里头：史无前例的王都

——专访中国社会科学院考古研究所二里头工作队队长、副研究员赵海涛

记者 王慧峰

二里头，一个在中国考古史上极为耀眼的名字。

1959年夏，知名史学家、考古学家徐旭生先生率队在豫西进行“夏墟”调查时，发现了二里头遗址，夏文化探索序幕由此拉开。

迄今所知我国最早的城市道路系统，最早的宫室建筑群和宫城，最早的青铜礼器群，最早的国家级祭祀场，以青铜冶铸作坊和绿松石器制造作坊为代表的最早的官营作坊区……60多年来，几代考古人通过艰苦卓绝的持续发掘和研究，为我们绘得一幅宏伟画卷：距今3800年前后，陶寺文化、石峁集团等纷纷衰落，二里头文化崛起。这座在河洛交汇之地建立的大型都邑，被普遍认为是夏代中晚期都城，标志着中国第一个王朝的诞生。

二里头遗址发现发掘至今，薪火相传的考古工作者不仅将“中国最早的王朝”再现于世，更见证了中国考古学自成气派的发展历程。而国家文物局近日公布的“考古中国”重大项目进展中，二里头遗址的重要考古新进展为揭示史前与夏商城址建制和文化发展脉络再添新证，将中华文明历史研究引向更深入。

河南偃师二里头遗址考古发掘现场

中华文明总进程的核心与引领者

大禹治水、禹划九州……这些深植于中华民族记忆中的故事，究竟是传说还是确有其事?

作为史书中记载的中国第一个世袭制朝代，由于缺乏足够的文字记载，通过考古发现来证实夏王朝为信史就显得特别重要。几十年来，随着二里头遗址考古的不断推进，夏王朝的面目渐渐清晰。

记者：二里头遗址被学术界公认为是中国最引人瞩目的古文化遗址之一。在您看来，其对探源中华文明有什么意义？

赵海涛：以二里头遗址为代表的二里头文化是成熟的文明形态，进入了王朝国家阶段，是向前探索中国文明起源问题的最重要起点和标尺。因此，二里头遗址以及相关的研究一直是“中华文明探源工程”的一个重点，在中华文明形成过程中，占据着无可替代、最为重要也最为关键的地位。

记者：这种“无可替代”的地位体现在哪里？

赵海涛：我们通过60多年的持续发掘和研究可确认，二里头遗址是中国最早的王朝都城遗址，是研究中国王朝国家形态、探索夏商王朝分界的关键遗址。

二里头文化的核心地位，形成于其划时代的横空出现过程。其所在的中原腹心地区在与周边文化长期交流互动中相互促进、取长补短、兼收并蓄，最终融汇凝聚出成熟的文明形态，率先进入王朝文明阶段。二里头文化以高度发达的控制网络和统治文明，成为距今3800—3500年前后东亚地区最早的核心文化和广域王权国家。与此同时，其他区域多进入文化和社会的衰落时期，二里头文化向四方强势扩张、辐射文化影响力，中国历史由“多元化”的邦国时代进入“一体化”的王国时代，具有划时代的意义。

记者：正如您所言，二里头这一划时代的变革对商周文明产生了深远影响，奠定了古代“中国”的基础。

赵海涛：二里头文化许多制度层面的建树是史无前例的。例如，大型夯土基址为代表的宫室制度，以中型墓葬为代表各级墓葬所显示的墓葬制度，以中国最早的青铜礼器群、青铜兵器群、玉质礼器群、玉质兵器群、绿松石龙形器等遗物为代表的器用制度，表明代表中国古代政治文明发达程度的宫廷礼制、礼乐制度已经形成，国家已经出现。

二里头文化这些具有高度辉煌王朝气象的创造，多被后世的商周王朝继承，并对周边文化产生强大的影响力，因此二里头文化当之无愧地成为中华文明总进程的核心与引领者。

记者：近年来，随着中华文明起源考古探索的逐步深入，“最早中国”这个话题越来越引人关注。我们想知道您对此的看法。

赵海涛：我赞同我们考古所杜金鹏先生“二里头都邑是‘最早中国’”这一观点，他的理由如下：

第一，见于最早明文记载。西周青铜器何尊铭文明确指出，洛阳平原是“中国”所在。在西周人心目中，最早的中国就是夏王国。几十年来的“夏文化”探索表明，二里头文化最有可能是夏文化。

第二，最早突破龙山时代区域文明的羁绊。在山东的龙山文化、南方的石家河文化、西方的齐家文化和北方的陶寺文化等盛极一时，

二里头遗址出土的绿松石龙形器

但最终并未形成超越自我成为更广泛区域之中心文化的同时，伊洛、嵩山地区的龙山文化却广纳四邻文化精粹，升华为广域文化中心。

第三，对周边区域文化形成最大文化辐射效应。二里头文化虽然是广域文化中心，但其四周还分布若干区域性文化单元，二里头文化与它们均存在不同程度、不同形式的交流。最突出的表现就是二里头文化因素的远距离传播，如东南之江淮地区、南方之江汉地区、西南之成都平原、西方之渭洮流域、北方之赤峰地区，都可以见到二里头文化的踪迹。而其他周边文化则无一能及。

第四，与商周文明有直接传承关系。考古学研究表明，商、周从方国入主中原建立商、周王国，而商王国直接建立在夏王国的基础之上，此后的周秦汉唐一脉相承。因此，二里头夏文化是中华文化的正统源头。

第五，龙崇拜的正宗源头。二里头发现了大量龙形象文物，尤其是出土于贵族院落内的大型绿松石龙形器，被誉为“中国龙”。尽管龙形象已见于此前较广泛区域的史前遗址，但皆不及二里头的龙与后代龙形象关系直接、密切。

记者：二里头如此具有王朝气象，且被考古学者认为主体属于夏文化，那么，能确定它就是夏都吗？

赵海涛：二里头遗址是不是夏都，涉及考古学与文献史学的关系，需要从考古学和文献史学两方面去说明。考古学与文献史学都是为了复原、研究古代社会历史，考古遗存与历史文献都是复原与研究历史的重要资料。

通过从年代、地域、社会发展阶段、文化特征等多方面进行论证，“二里头遗址是夏朝中晚期都城的遗址，二里头文化是夏文化”是目前为止关于二里头遗址、二里头文化历史属性的最佳表述。

二里头遗址出土的铜爵

二里头王国开创的划时代变化

随着二里头遗址考古的不断推进，中华文明的起源、王国的兴起、王都的规制、宫室制度等涉及中华文明发展的重大问题都有了越来越具体确切的答案。最新公布的二里头遗址考古新发现，进一步揭示了多网格式的结构布局，为探讨早期国家都城制度、手工业与社会经济、礼仪与丧葬制度等问题提供了重要线索。

记者：二里头遗址有很多开创性的成就，您能帮我们将这处史无前例的王朝都城遗址具象化吗？

赵海涛：二里头遗址面积约为 300 万平方米，不仅是当时中国乃至东亚地区最大的聚落，还是一座布局严谨、规划有序的大型都城遗址。

其中心区至少存在两纵、两横 4 条道路，每条道路宽 10—20 米，它们纵横交错，呈方正、规整的井字形，构成了二里头都城功能分区的重要界线，形成多网格式的宏大格局。宫殿区居于核心，祭祀区、官营作坊区、贵族居住和墓葬区等重要遗存拱卫在宫殿区的周围，表明二里头都邑有了严谨、规整的规划，显示了王权的至高无上、权力中心的高度集中，极可能已出现了分区而居、区外设墙、居葬合一的布局。

记者：本月 16 日，国家文物局召开“考古中国”重大项目新进展工作会，在公布二里头遗址最新考古发现时称“进一步明确了多网格式城市布局”。这种网格状布局透露出什么信息？

赵海涛：这样严格、清晰、规整的规划布局，显示当时的社会结构层次明显、等级有序，统治格局秩序井然，暗示当时有成熟发达的统治制度和模式，是进入王朝国家的最重要标志。

都邑布局的这些史无前例的新创造，多被后世继承，体现了二里头王国开创的划时代变化及对商、周文明的引领作用，也为先秦时期其他都邑遗址探索布局、结构提供了有益的参考。

记者：很多人都是通过20年前出土的那件绿松石龙形器认识二里头的。这次有什么令人惊喜的新发现吗？

赵海涛：2020年至2021年，我们首次在祭祀区以西、遗址西北部都发现较大面积、较丰富的制陶遗存。这些遗存包括陶窑、存泥坑、泥坯、烧土、炉渣、变形陶器、大量碎陶片以及陶垫等修整工具，包含了制陶工艺的多个阶段。

在遗址西北部还发现可能与漆器加工有关的遗存。发掘出土800多片外表、断茬带有红漆的陶片，为以往历年发掘出土带漆陶片总量的近20倍，仅其中一个灰坑就发现了近200片带漆陶片，实属罕见，这一区域近旁可能存在漆器加工作坊。

此外，在宫城西南角，我们还发现了近百平方米的骨角器加工作坊，其中部分存在砸击、切割、磨制的痕迹，表现了骨角器加工的各个环节。

制陶、骨角器加工作坊和疑似漆器加工作坊是二里头遗址手工业考古的重要突破。这些是手工业考古和城市布局研究的重要突破，为研究二里头王都的城市布局、规划理念，以及手工业加工的技术、流程、组织、性质等问题提供了重要资料。

二里头遗址总平面图航拍图

需要一代一代人的接力

二里头遗址现存面积约 300 万平方米，四代考古队长 63 年只发掘了总面积的 1.7%。按照赵海涛的计算，以目前发掘速度看，二里头遗址全部发掘完成，需要数千年。因此，“它的发掘，不是百年大计，是千年大计”。

记者：2002 年，您硕士论文答辩一结束，就被当时的二里头工作队队长许宏老师邀请来队工作，并且主持了 2014 年以来的田野考古工作。20 年来中国考古事业取得很大发展，身处其中，您肯定体会颇深。

赵海涛：确实，近年来考古事业的工作环境、条件有很大改善，因此发掘成果、资料出版、研究论著都有很大发展。我们的田野考古工作主要是对二里头遗址布局形态及历时演变过程的探索，20 年来，我们对二里头遗址的现存范围及成因、遗址的宏观布局大势及历时性变化等有了前所未有的认识。

工地发掘每年都有新进展，我的主要活动半径仍是从工作站到工地，谋划和推进整体进度。

记者：二里头遗址目前发掘的只是冰山一角，还有许多未解之谜。如您所说，60 多年来的考古发掘虽然取得了重大的收获，但二里头遗址和二里头文化的总体面貌仍有深入揭示的空间。

赵海涛：对，二里头遗址发掘工作持续了 60 多年，虽然已经呈现出一个让人震惊的早期王朝景象，但发掘面积仅占总面积的 1.7%，还有大量的空白地区等待继续发掘，大量问题有待广泛、深入研究。

二里头遗址出土的铜牌饰

二里头遗址出土的玉牙璋

比如学界以及公众普遍关心的、二里头这么大的都城，目前只发现了宫城和中心区域内部的围墙，300 余万平方米的遗址外围，有没有城墙或者壕沟等防御设施？还有，目前已发现的墓葬、器物等还都不是最高等级，与都城的规格不对应，接下来这也是重要的探索方向。

记者：能透露下一步的发掘研究计划吗？

赵海涛：下一步我们还是要科学制定勘探、发掘、研究规划，优先关注最能体现二里头价值和意义的核心、关键问题，继续探索二里头遗址中心区的布局框架、遗址的准确范围、外围防御设施的情况、祭祀遗存、网格差别等，寻找王陵级大型墓葬、水环境系统，探索与二里头文化分布区内各级聚落的深入关系、控制网络、统治文明等重大问题。

此外，还要加大与其他学科合作，提高科技参与二里头遗址发掘、研究的深度和广度，为全面、深入揭示二里头遗址的重要内涵和价值提供重要支撑。通过科技分析，解决二里头时代的自然背景、经济基础、科技水平、资源来源、交往范围、控制网络、统治方式、社会关系等重要问题。

持续的考古工作依然是今后长期的重点，需要一代一代人的接力。我相信，随着工作理念、思路的拓展，更多学科参与以及更多科技手段的运用，从考古遗存中提取的信息会越来越丰富，研究的广泛和精细程度越来越高，对二里头社会生活面貌的了解可能会超出原有的想象，二里头对中华文明进程的价值和作用将更加凸显。

二里头遗址5号基址

小小二里头，永难割舍的牵挂和期待

文 / 孙庆聚

悠悠二里头，殷殷华夏情。

小小二里头，大大有说头。自从我知道了二里头这个地方曾经是夏王朝的都邑所在，就对二里头的考古发掘魂牵梦绕，结下了挥之不去的二里头情结。特别是 2019 年、2022 年分别陪同刘奇葆副主席和刘新成副主席到河南调研历史文化大遗址保护和黄河国家文化公园建设，两次造访二里头，并参观二里头遗址公园和考古文物博物馆之后，心中油然而生的那种对“二里头文化”和“夏文明”的礼敬、好奇、牵挂、期待之情，就再也难以割舍和忘却。当时，我是何等的兴奋和自豪：我们中国之所以被称为“华夏”，不就是因为我们的祖先曾经建立起强大而昌盛的夏王朝并长期屹立于世界东方而使然吗？辉煌灿烂的五千年中华文明链条之所以没有断裂，不也是因为有“夏文明”的承上启下吗？仅凭这些，二里头考古发掘被列为“中华文明探源工程”的四大重点项目之一，就当之无愧。由此想来，二里头考古发掘该是多么有意义、有价值。

曾几何时，西方有些学者对中国历史上是否真实存在一个夏王朝提出质疑，国内也有人附和。之所以会出现如此现象，有考古学历史学研究中的争鸣因素，也不排除有不健康的思想情绪作祟，但从根本上说，还是因为我们缺少更多更过硬的历史实证。二里头考古发掘的一系列重大新发现，则对夏王朝的真实存在提供了新的强有力的实证。

小小二里头，细说有来头。位于河南省洛阳市偃师区的二里头，原本是伊、洛河冲积平原上一座极为普通的小村落。自从 1959 年古史学家徐旭生先生依文献线索寻找“夏墟”在此意外发现重要遗迹之后，中国的考古工作者们便一代接一代地在这里演绎着追溯“夏文明”的漫漫探寻之旅。经过 60 多年的艰辛努力，特别是 2002 年春，国家把二里头夏都邑遗址发掘列为“中华文明探源工程”四大重点项目以来，二里头考古发掘取得了重要进展和收获，二里头也随之名扬四海，蜚声中外。近又欣闻，在 9 月 16 日国家文物局召开的“考古中国”重大项目重要进展工作会上，又公布了二里头考古发掘的多项新发现。这些新的发现连同之前的所有发现都共同证明，二里头文化遗存非夏王朝莫属。特别是许多经碳—14 测定的数据，也把这些遗存年代集中指向公元前 21 世纪至公元前 15 世纪，这当然要远早于商代。由此可以断定，二里头遗址确系夏王朝中晚期的都城，夏王朝确是中国历史上的真实存在。

小小二里头，确实有说头。二里头的考古新发现不仅为实证夏王朝的历史存在提供了极具说服力的新佐证，同时也为中华文明探源研究提出的文明定义和认定进入文明社会的标准提供了重要支撑。

习近平总书记在 2022 年 5 月 27 日十九届中央政治局第三十九次集体学习时强调，中华文明探源工程提出文明定义和认定进入文明社会的中国方案，为世界文明起源研究作出了原创性贡献。有关文明的定义及相关概念，国内外学术界一直存有分歧。中华文明探源研究坚持历史唯物主义，提出了文明的新定义，指出文明是人类文化和社会发展的高级阶段，是在生产力发展基础上出现了社会分工和社会分化，形成了阶级、王权和国家。简洁地说，就是国家的出现是文明形成的最典型的标志。关于认定进入文明社会的标准，国际学术界坚持的是“文明三要素”，即文字、冶金术和城市。我国学术界以马克思主义为指导，结合中国古代社会发展特色和中华文明形成的历史实际，则提出了我们的三条标准：一是生产发展，人口增加，出现城市；二是社会分工，阶级分化；三是出现王权和国家。这一文明标准不仅适合中华文明，也适合其他原生文明。不同文明虽各有其特色，但在出现王权和国家这一制度文明方面则是共同的。二里头考古发掘获得的大量历史资料和实物，就是最有力的证明。

小小二里头，时时挂心头。过往的奉献，让我们对其充满敬意和深情。未来的产出，更让我们满怀牵挂和期待。二里头的考古发掘成果已为实证我国的百万年人类史、一万年文化史、五千年文明史，特别是夏王朝文明史作出了自己的重要贡献。但二里头的考古发掘工作还远未结束，二里头的重要历史遗存也尚未得到充分发掘。今后，二里头考古发掘还会发现什么、证明什么，都会更加令人期待。

小小二里头，好戏在后头。五千年中华文明的探源仍然在路上，我们对夏文明的探寻和认知也需进一步往深里走。更令人信服地证明夏王朝的真实存在，更充分地揭示夏文明的丰富内涵，更全面地展现夏文化的辉煌灿烂，还有待更多更新更有价值的考古发现。我们坚信，未来的二里头考古发掘一定不会让我们失望，更多更有价值的新成果一定会展现在我们面前。

（作者系第十二、十三届全国政协文化文史和学习委员会副主任。本文原载于《人民政协报》2022 年 9 月 29 日第 3 版）

"中华文明探源·何以中国"之六

殷墟：中华文明探源的起点和基石

——专访中国社会科学院考古研究所研究员、夏商周研究室主任徐良高

记者 王慧峰

“殷墟我向往已久，这次来是想更深地学习理解中华文明，古为今用，为更好建设中华民族现代文明提供借鉴。”不久前，习近平总书记在河南安阳殷墟遗址考察时如是感慨。

1928年，从考古人以甲骨为线索在河南省安阳市小屯村挖起第一铲黄土的那一刻起，一个3000多年前璀璨的王朝——殷商王朝的面纱被徐徐揭开。自此，殷墟考古发掘几未中断，宫殿、王陵、甲骨文、青铜器等的惊世发现，确认殷墟即为商王盘庚迁殷后的都城，商代历史由此成为信史，中国的信史也因此向前推进了近千年。

90多年来，殷墟考古不断取得新突破，商代文明的真实面容正一点点浮现在我们眼前。日前，国家文物局召开“考古中国”重大项目进展工作会，公布了河南省安阳市殷墟考古与甲骨文研究的重要成果及新进展，为中华文明多元一体再添新证，而那些埋藏在历史深处的中华文明源头密码仍待一一破译。

河南安阳殷墟遗址俯瞰图

“大邑商”面貌愈发清晰

作为甲骨文的发现地，殷墟是我国历史上第一个文献可考、为考古发掘所证实的商代晚期都城遗址，也是中国考古发掘时间最长、次数最多、面积最大的古代都城遗址。在诸多实证中华文明起源、形成、发展的关键遗址中，“殷墟上承四方汇集文明之趋势，下启连续不断、多元一体文明之格局，是中华文明进程中非常重要的环节”。

记者：对每个中国人而言，殷墟可以说是既熟悉又陌生的存在。请您为我们简要介绍一下其考古成果。

徐良高：殷墟考古发掘至今已经90多年，陆续发现殷墟宗庙宫殿区、居址区、王陵区、墓葬区、手工业作坊区等重要遗迹，以及与之毗邻的商代中期都城洹北商城，出土了大量甲骨文、青铜器、陶器、玉石器等各类珍贵文物，基本廓清了殷墟的分布范围与结构布局，构建起殷墟文化分期编年体系，为探索早商乃至夏代考古学文化提供了基础。商代都城制度、墓葬制度、祭祀制度、手工业生产体系，以及建筑、水利、精神信仰等各方面研究不断深化，实证了文献记载的商代历史，系统展现了商代社会文化面貌、商代文明发展成就。

记者：您在国家文物局11月10日召开的“考古中国”重大项目重要进展工作会上，通报了河南安阳殷墟考古重要成果及新进展。我们该如何认识这些重要新发现？

徐良高：2018年至2020年，我们对殷墟宫殿区进行了大面积勘探与试掘，目前已确认新发现一处大型池苑遗迹，面积达 6 万平方米以上，最深达 16 米。东侧的宫殿建筑有水沟与之相通，北部则通过水道连通穿城而过的洹河，带来满池活水。另外，在池苑中央，还发现一处“核心岛”。此外，我们在甲组基址北侧发现东西向长达 105 米的夯土墙，东至洹河西岸，西至池苑，基槽宽 2 米，深 0.5—

河南安阳殷墟遗址

中国社会科学院考古研究所研究员、夏商周研究室主任徐良高（左）

1.8 米，基槽内发现有黄组刻辞甲骨。

通过对殷墟宫殿区勘探与发掘，特别是池苑与核心岛的发现，使得我们对宫殿区布局有了全新的认识。同时也说明，对于殷墟宫殿区结构、布局等问题仍需进行持久的工作。

在对商王生前居住的宫殿区发掘重启的同时，2021 年下半年开始，考古队也重启了王陵区的考古勘探。目前，发现并确认了王陵东西两区外围，各环绕一条宽度超过 10 米的围沟，最深达 3.5 米。另外，在密布祭祀坑的王陵东区，又探测出 460 多座新祭祀坑。此次的勘探与发掘未见围沟与殷商墓葬、祭祀坑存在叠压或打破关系，东围沟东、西段的北端与殷墟商代建筑的方向一致。王陵围沟的发现刷新了对商代陵园布局的认知，极大推动了对商代陵园制度的研究。

另外，这些年还有一个重大成果，就是殷墟内部的道路系统不断被揭示出来。殷墟宫殿宗庙区南约 1 公里处，发现两条直通宫殿区的南北向道路，洹河北岸发掘出宽达 15 米的大型道路，道路之上有碾压清晰的车辙痕迹，刘家庄北地道路两侧还曾发现大量祭祀坑。多条道路已初步构成道路网，道路两侧是分布密集的居址、墓葬、手工业作坊等。

道路是古代都城布局的框架，代表城市交通枢纽和都城之内不同功能区的界线。由道路形成的“街区”对探讨殷墟族邑分布及社会形态至关重要，为进一步探索 3000 多年前商代晚期都城的整体布局、交通网络及功能分区等提供了又一关键材料。

记者：青铜文化的繁荣与发达，让我们领略到 3000 多年前的殷商王朝在手工业方面就有高度的发展。我们注意到，最新的考古发现和研究进一步证实了这点。

徐良高：是的，殷墟是目前所知古代都城内发现铸铜作坊最多、规模最大的。以公众熟知的司母戊大方鼎、青铜牛尊等为代表的大量青铜礼器，表明当时青铜冶铸水平已高度发达。

手工业与技术的研究是从殷墟发掘早期直至当前，学术界一直高度关注的课题。自2015年始，历时8年，考古队员们对位于洹北商城郭城北部的手工业作坊遗址进行了详细的勘探与发掘，调查、勘探面积约50万平方米，发掘约5000平方米，发现了大量与铸铜、制骨、制陶生产相关的遗迹与遗物，作坊区面积不小于8万平方米。大量的生活遗存及成排分布随葬有铸铜工具的墓葬，充分表明作坊区是集生活、生产、墓地等为一体即所谓的“居葬合一”的族邑布局模式。

值得关注的是，独特的“纹饰范嵌范”铸铜技术、“剥片式”取料制骨技术、“熟土区夯筑”陶窑技术充分显示出商代中期手工业创新求变的理念。洹北商城手工业考古发现、发掘极大地填补了商代中期手工业考古的空白，对研究洹北商城都邑布局同样至关重要。

总之，考古让甲骨文中记载的“大邑商”面貌愈发清晰。

殷墟考古对于中国考古事业作出的许多贡献都足够载入史册

殷墟对于中国考古学的意义，不唯其埋藏着丰富的地下遗存，更在于它的发掘与中国考古事业息息相关。因为殷墟，中国信史上推至商代。更重要的是，以殷墟为支点，建构起夏商考古学文化的时空体系，也为探究更早的文明提供了重要抓手。

记者：作为甲骨文的发现地，殷墟是中国现代考古学的摇篮。一部殷墟考古史，可以说就是大半部中国考古学史。在您看来，殷

徐良高（右）在考古发掘现场

河南安阳殷墟遗址

墟对中国乃至世界考古学有何影响？

徐良高：1928 年开始、前后历时 10 年的殷墟早期发掘，围绕安阳小屯在不同地点共进行了 15 次发掘。可以说，这是中国对现代西方田野考古学的主动接受和有计划、有组织实施，拉开了中国现代考古学的序幕。

安阳殷墟是在中国境内由中国学术机构发起、中国学者带有明确学术目标主持进行的首项大规模考古发掘，既是中国考古学形成阶段中的重大事件，也是中国夏商周考古学正式诞生的标志。殷墟考古发掘与研究取得了巨大成就，极大地推进了殷商古史重建的历史任务。"周因于殷礼"对殷墟文化的深入研究，也极大地促进了对其继承者周文化的探索。

此外，殷墟发掘不仅再现了 3000 多年前殷墟青铜文明的鼎盛面貌，同时培养了一批优秀的考古学人才，形成的优秀学术传统、出台的文物保护法规等也对新中国文物考古事业产生了巨大的影响，并延续至今。

同样，殷墟对世界考古学史也有深远影响。殷墟早期考古发掘发现了王陵宫殿以及跟甲骨文同时出土的大量青铜器，受到全世界的关注，90 多年来，殷墟都是国际考古学界关注的热点。

记者: 如您所说，伴随殷墟留在中国考古学史上的，除了甲骨文、青铜器等丰富的历史遗存，还有一大批熠熠生辉的考古学家的名字。

徐良高：对。殷墟可以说是中国现代考古学的摇篮与人才培养的基地。中国考古史上的名家董作宾、李济、梁思永、夏鼐等，都在殷墟先后主持或参与发掘，也正是在这些前辈的指引下，中国考古人逐渐摸索出中国风格的考古学理论与方法。

例如，李济先生在主持安阳殷墟发掘工作之初，就开始安排对遗址进行地形测绘，当时绘制编辑的图录在今天看来都很惊艳，先生对殷墟陶器和青铜器的研究可以看作是中国考古类型学的肇始，而梁思永先生在后岗确认的“三叠层”，奠定了考古地层学的基础。

此外，殷墟考古对于中国考古事业作出的许多贡献都足够载入史册：中国考古学的自然地层发掘法和10×10探方布控法是在殷墟发掘中摸索成熟的；中国考古事业中现行的“考古证照”制度源于殷墟发掘；公共考古传统伴随殷墟发掘始终；殷墟考古为重建中国上古史提供了最早的“已知点”，奠定了中国上古史研究的科学基础。

“考古写史”

殷墟的重要性不言而喻。2001年，殷墟在“中国20世纪100项考古大发现”评选活动中名列第一；2006年，殷墟入选《世界遗产名录》，其价值得到国际社会的普遍认同；2021年，中国现代考古学百年之际，在“百年百大考古发现”评选中，殷墟再次毫无争议地位列其中。

3000年历史烟云，从大邑商到世界文化遗产，殷墟考古使我们对商文明的了解达到了前所未有的高度。对于这个消逝的王朝，我们也许还要经过相当长时间、还需要几代人的努力才能更贴近它的真实面貌。

记者：从“一片甲骨惊天下”开始，殷墟实证了商王朝的存在，催生了现代考古学在中国的发展。对于探源中华文明，殷墟有何深远意义？

河南安阳殷墟遗址发掘现场

徐良高：毋庸置疑，殷墟是中华文明探源的起点和基石。因为殷墟，中国信史上推至商代。更重要的是，以殷墟为支点，建构起夏商考古学文化的时空体系，也为探究更早的文明提供了重要抓手。

可以说系统、全面、细致的中华文明探源离不开殷墟。殷墟被证明是商王朝后期都邑，使之成为中国上古史研究的一个“已知点”。有了这个“已知点”，则商王朝早期、由此上溯的夏王朝，以及知之甚少的史前中国，都可以由此出发来研究。1931 年“后冈三叠层”的发现首次用考古学方法回答了仰韶文化、龙山文化和商代文化的相对年代问题，这可视作中华文明探源的早期尝试。郑州商城、二里头遗址、两周城址性质的确认，离不开以殷墟为基点的比对与辨析。同样，周边区域青铜文化，如草原青铜文化、三星堆文化、先周文化、珍珠门文化等性质与年代的判断，以殷墟为坐标和参照，其年代与内涵才能更加清晰。

至于甲骨文，不仅极大丰富了殷商文化的内涵，把中华文明信史向前推进了约 1000 年，由其演化而来的汉文字成为中华文明的载体，连绵不断地传承着中华优秀传统文化，可谓是维持华夏儿女团结一心最强大的文化基因。

记者：除了甲骨文，人们一提到殷墟就会联想到青铜器。您如何看待青铜器这一符号在探源中华文明中的作用？

徐良高：中华文明多元一体、兼容并蓄、绵延不断，中华大地不同文明彼此间互相影响、交流、借鉴，青铜器便是力证之一。

作为古代东亚地区政治、经济、军事、文化高度发达的殷商文明，对周边区域的青铜文明影响深远，而周边青铜文明也对殷商文明产生重要影响。正是在这个过程中，殷商文明一步步走向了我国青铜文明的高峰。大家熟悉的三星堆文明就与中原殷商文明关系密切。

比如，三星堆青铜器上的云纹、夔龙纹等，都是中原青铜器常见的纹饰。同时，殷墟也有来自四面八方的青铜器、陶器、硬陶、原始瓷，以及青铜原料、货币、龟甲等珍稀资源。可见，殷商时期，中华文明“多元一体”的格局就已经得到进一步巩固与强化。

记者：进入新时代，殷墟考古又取得多项突破性进展。现在站在中国考古事业又一个百年的起点，您如何展望未来？

徐良高：进入新时代，在聚落考古理念引领下，殷墟考古深化多学科、跨学科合作研究，不断取得新突破。辛店遗址、邵家棚遗址、陶家营遗址等多处考古新发现不断揭示出“大邑商”不可比拟的文明高度和强盛国力，让我们在看到“大邑商”地域范围之广、政治组织与社会管理健全有序、防御体系完善有效、生产力水平高度发达的同时，进而探寻中华民族刻入基因血脉的文化自信之根源。

几十年来，通过多学科手段，中国考古学在古代历史信息的获取数量、质量和系统性方面都有了巨大进步，研究上也由专注于传统考古发掘和遗存年代、性质研究，到重视多学科结合的考古发掘和多角度、全方位的古代社会、文化与人地关系的研究与阐释。考古写史在中国已经取得巨大成就，获得诸多具有突破性和填补空白性的成绩，中国考古学证明了自身的价值，尤其是在中国上古史方面展现了广阔前景。

这些成果证明了考古学完全有能力担当重写中国上古史的重任。正如习近平总书记所说：经过几代考古人接续奋斗，我国考古工作取得了重大成就，延伸了历史轴线，增强了历史信度，丰富了历史内涵，活化了历史场景。考古发现展示了中华文明起源和发展的历史脉络，展示了中华文明的灿烂成就，展示了中华文明对世界文明的重大贡献。

我也相信，殷墟考古研究将在新理念新方法的指引下，逐步还原更加全面、真实、鲜活的商代文明。

源远流长中国字　生生不息好故事

文／陈红彦

习近平总书记指出："殷墟甲骨文的重大发现在中华文明乃至人类文明发展史上具有划时代的意义。甲骨文是迄今为止中国发现的年代最早的成熟文字系统，是汉字的源头和中华优秀传统文化的根脉，值得倍加珍视、更好传承发展。"

2022年新年伊始，国家图书馆携手阅文集团发起"甲骨文推广公益项目"，以"让中国字源远流长，让好故事生生不息"为主题，通过甲骨文与网文的跨千年碰撞，以网文助力古老的甲骨文在数字文明新时代焕发生机，完成了一次经典传统文化活化和传播的经典案例。

先是在2022年元旦前夕，"2022阅字如愿"网络互动小游戏正式发布。在互动过程中，用户学到了"虎""犬""贝""吉"等甲骨文，感受到甲骨文的魅力。一时间手机刷屏，分享页的打开率一小时后便已高达63%。到1月10日，已有83万人次参与互动。

元旦当天，"甲骨文+网文跨千年展"在天津"国图·津湾文创空间"开幕。截至1月9日，近7.9万人次现场观展。津湾广场上，超过100米的"祈福之河""文字飞瀑"和"甲骨文+网文故事银河"贯通着历史、现在与未来。"祈福之河"展现了中国字的几千年变迁，从上游的甲骨文到下游的现代汉字；同事们精心挑选出的8个适合新年祈愿的文字——吉、安、喜、乐、美、梦、立、来，观众扫描甲骨文上的二维码，就可以获得自己的2022年度幸运关键字。“文字飞瀑”艺术化地用文字和金句组成悬挂的壮观瀑布；首次在阅文平台向社会公众发起“甲骨文”主题征文，竟在10天时间内收到来自2200位阅文作家的2500多部优秀作品，超过70%是“90后”“00后”作家。70位深度参与项目的阅文作家，被授予“古文字唤醒者”荣誉称号。以甲骨文为主题的网络文学，既有关于前沿未来的科幻题材，也有来自中国远古的神话故事，既有家国天下的历史情怀，也有观照当下的现实题材；脑洞大开的创作，穿越3000年的惊艳碰撞，成为国家图书馆和阅文集团给读者的新年饕餮文化大餐。

配合展览，国家图书馆联合阅文集团还举办了“甲骨文推广公益项目”主题发布会与“甲骨文与网络文学的跨千年交汇”对谈沙龙，阅文集团白金作家“孑与2”分享了他创作的短篇故事《家之初》。这篇故事以甲骨文“家”为灵感，结合了“四方风”甲骨的内容，让东西南北四个方位的风及风神在网文中重现。

有趣的是，展览现场在四个方向有出风口的装置，是根据“四方风”甲骨的记载来设定每个出风口的风力，让观众可以一边阅读，一边感受3000年前的风。

甲骨文是商代（约前17世纪—前11世纪）中晚期的文化遗存，有着3000多年的历史，存世15万片的甲骨中，国家图书馆藏有35651片，是最大的收藏机构。“四方风”是一件著名的文物。对这片被称为“四方风”的牛肩胛骨，著名甲骨学家、史学家胡厚宣先生进行过认真考证。他认为，该骨字体遒整，文气古奥，文理通达，属武丁时期（前1250—前1192年）刻辞，骨面刻有24字，是有关四方神及风神的记载。胡先生在1944年发表的《甲骨文四方风名考》中释文：“东方曰析，风曰协；南方曰夹，风曰微；西方曰夷，风曰彝；北方曰宛，风曰役。”把四方与时节相配，参照草木禾谷生长的特点衍生出了析、夹、夷、宛四方神名，象征着草木禾谷春萌生、夏长大、秋成熟、冬收藏。在四方神名后面的协、微、彝、役，是根据四方风在不同时节的特征而命名的。协指和煦之风，微指微弱之风，彝是指大风，役是指烈风，3000 多年前，人们能对四方神名和四方风神给予准确的命名，对当时的社会生活具有很大的影响，也令今人叹为观止。学者研究可以《尚书·尧典》及《山海经》诸古书证合之。

国家图书馆丰富的甲骨资源，通过阅文集团的全平台汇聚的数亿用户，在传承和创新甲骨文上迸发出巨大的优势，新技术、新手段、新思维，让甲骨文在现代社会焕发生机。甲骨文版站内互动活动 2.15 亿曝光量，让甲骨从象牙塔走进生活，或许其中有些幼童会对甲骨文感兴趣，会破解人类幼年时期的文字，令人非常期待。

2019 年 11 月 1 日，习近平总书记就曾专门致信祝贺甲骨文发现和研究 120 周年，要求大力推进中华优秀传统文化传承发展，“古文字与中华文明传承发展工程”随之启动实施，至今已近三年。“古文字与中华文明传承发展工程”以传承弘扬中华优秀传统文化为宗旨，全面系统开展甲骨文、金文、简帛文字等古文字研究，深入发掘蕴含其中的历史思想和文化价值，揭示古文字在中华文明乃至人类文明发展史上的重要作用，创新转化成果，服务时代需求。在研究挖掘的同时，加大公众普及的力度，或许那些不认识的文字会有机会被破译，源远流长的中国字、悠久的中国文化在现代社会将生生不息。

（作者系第十三、十四届全国政协委员，国家图书馆古籍馆副馆长。本文原载于《人民政协报》2022 年 11 月 22 日第 3 版）

"中华文明探源·何以中国"之七

三星堆：独具个性的文明

——专访四川省文物考古研究院三星堆遗址工作站站长、三星堆遗址考古发掘队领队雷雨

记者 司晋丽

“沉睡三千年，一醒惊天下。”

这个颇具沧海桑田之感的表述，便是三星堆遗址的专属标签。

每一个去过三星堆博物馆的人，无不为其中造型奇特而瑰丽的器物所打动。青铜立人像、青铜神树、太阳轮……一个个国家宝藏带着深重的山河岁月迎面而来，勾勒出一个曾经在中华大地上存在了 2000 多年的文明的苍茫背影。关于这个文明的许多密码，还等待着人们去破译。

在对先贤的尊崇、对文明的敬畏中，人们无不从内心涌起对中华文明的自信和自豪之情。四川省文物考古研究院三星堆遗址工作站站长、三星堆博物馆馆长雷雨也是如此。所不同的是，从挖掘到守护三星堆，讲好中华文明故事，他成为距离三星堆最近的那群人中的一员。

三星堆遗址出土的金面铜人头像

三星堆文明充满奇妙、浪漫和创新

记者：三星堆每次“上新”文物，总是立即就能在社会上引发热度。例如，祭祀区新一轮考古发掘开始后，央视进行了直播；青铜面具跨越千山万水，从四川广汉来到北京，登上了今年春晚舞台。三星堆的一举一动都吸引着大家的目光。您怎样看待这种现象？

雷雨：我觉得公众能关注考古、关注我们国家的文物是件好事。说明考古这门学科不拘泥于田间地头和象牙塔内，多了一道与社会交流的桥梁。中国特色、中国风格、中国气派的考古是考古界努力的方向，去年是中国现代考古诞生百年。一路走来，中国考古的理念和手段也在不停地与时俱进。大家通过电视或网络直播看三星堆的发掘场景，就会注意到很多发掘舱运用了“黑科技”手段。同时，队伍配比也与以前不同了。发掘人员在年轻化、科技化，从事科技考古和文物保护工作的人数，要多于传统从事田野考古发掘的传统考古人，我认为这些都是中国考古学一个很积极的发展方向。

记者：我们在三星堆博物馆看到，展出的文物年代基本上为商朝，是否可以认为，距今3000多年前的商朝就是三星堆文明的起源？

雷雨：商朝晚期是三星堆遗址以及三星堆文明的繁荣时期，也就是我们通常所说的“沉睡3000年”这个时间标尺的起始点。不过，三星堆文化尤其是三星堆遗址又不只包含商朝的短短几百年时间，它延续的时间非常漫长。李白在《蜀道难》中写下“蚕丛及鱼凫，开国何茫然”，饱含着对“你从哪里来”的追问。我们认为，距今4600年前后新石器时代晚期的宝墩文化是以三星堆文化为代表的早期古蜀文明的来源，从那时起一直到距今2600多年春秋战国时期的

四川省文物考古研究院三星堆遗址工作站站长、三星堆遗址考古发掘队领队雷雨

晚期蜀文化，延续了2000多年。在这2000多年里，古蜀文明及其前身在这里孕育、诞生、发展、辉煌直到衰落，基本上是一个完整的人类发展的过程。三星堆遗址的分布范围约12平方公里，其中有3.6平方公里的三星堆古城是遗址的核心，也是古蜀国在夏商时期的都城。

考古证据显示，三星堆以稻作农业为主，也种植少部分的小米，可能最初的三星堆人是来自川西北地区，通过川西高原慢慢走到成都平原。至于后来的衰落，没有直接证据证明与洪灾、瘟疫或者地震等自然灾害相关，我倾向于认为是其自身的原因。因为它是神权统治的国度，神巫集团非常强势，同时也有世俗的一些王公贵族参政，不排除相互之间的关系没有理顺，引发了统治集团的内部斗争，最后都城就从广汉迁到成都旁边的金沙了。

记者：听您这样一说，公众对三星堆的认知又要刷新了。4600年前，是如何推算出来的？

雷雨：两条腿走路。一是通过遗址内陶器群等器物的类型学比对，二是利用碳—14测年数据进行判断、类比。

记者：您说过，三星堆文明是一种非常独特、很多器物具有唯一性的文明，这句话怎么理解？

雷雨：主要表现在艺术上空前的高度，特别是一些青铜器造型的独特精美，铸造技术的精湛高超等方面。这种文明充满人性化因素。在同时期中原地区出土的器物上，人都不是主体，而是装饰物，三星堆就不一样了，它以人为主体、蓝本进行艺术创造，发挥了古蜀国那种浪漫的想象力，这也最能激发我们的好奇心和亲近感，会去主动设想3000年前的人是什么样子？他们穿什么、用什么？即使

三星堆遗址考古现场

V

雷雨向新华社记者介绍三号坑新出土的青铜顶尊跪坐人像

相隔几千年，丝毫没有文化上的割裂感。像三星堆博物馆“镇馆之宝”之一的青铜大立人这样一种以全身人像为题材的青铜制品，只有三星堆以及后来的金沙遗址才有，也是最能体现古蜀文明特点的一件器物。在当时，中原地区是威权政治、王权政治，古蜀国的政体就不太一样了，占据主导地位的神权色彩比较浓郁，是以宗教来维系国家的运转，所以青铜大立人很可能就是最高等级的祭司或者是巫师的形象。

记者：从 2013 年起，三星堆两次入选中华文明探源工程，开放包容和交流互鉴是文明发展前进的动力。三星堆文明在整个中华文明起源的进程当中，发挥了怎样的影响力？

雷雨：曾任“夏商周断代工程”首席科学家的李学勤先生说过，“鉴于古蜀文明的独特性，如果没有对古蜀文明的深刻研究，便不能构成中华文明起源的完整图景”。我认为，以三星堆遗址和金沙遗址为代表的古蜀文明，可以作为长江上游流域文明的代表。开放性、包容性是三星堆文化一个最突出的特质，最能够体现文明的交流和互动。它主体的文化因素是本土的，又源源不断地吸收了大量外来文化因素——青铜器铸造技术源自夏商时期的中原地区，从二里头到殷墟这些核心文明区域。其次，还吸收了长江中游地区石家河文化里的种植水稻、修筑城墙等生产技术；而一些玉琮和锥形器跟良渚出土的几乎大同小异，足可以判断三星堆还受到良渚文化的影响；西北甘青地区的齐家文化对三星堆文化的最终形成也产生了不小的影响。

我们不妨这样理解，三星堆不是一种循规蹈矩的文明，它像个调皮的孩子一样，很有个性。虽然中原地区、殷商王朝对它影响较大，但它对这些文化并不是全盘接收，而是有选择性地吸收，拿来之后按照自己的意愿进行改制和创新，从而形成了自己的文化特色。

“三星堆的考古发掘是好几代人的事业，不可能一口吃成个大胖子”

记者：您从北京大学考古学专业毕业后，就一头扎到大西南，沉浸在三星堆的考古发掘工作中至今。三星堆最重要的考古发掘有几次？

雷雨：自 1934 年，前华西大学博物馆馆长葛维汉组建考古发掘队，揭开了三星堆遗址发掘的序幕至今，三星堆大大小小的发掘工作几乎没有中断过。我于 1984 年来到四川省文物考古研究院工作，很快就参加了三星堆遗址区里的考古发掘。三星堆历史上最重要的发掘有两次：第一次是 1986 年祭祀区的抢救性发掘，那一次发现了 1 号祭祀坑和 2 号祭祀坑，出土了我们现在所能看到的大部分知名文物。第二次是自 2019 年开启的祭祀区的第二轮勘探与挖掘，这一次在 1、2 号“祭祀坑”的旁边，又先后发现了六个“祭祀坑”，截至 2021 年底，3—8 号六个祭祀坑共出土文物 1 万多件。

记者：这两次最重要的发掘工作，您都是亲历者吗？

雷雨：1986 年，我因为生病错过了第一次发掘，非常遗憾。所幸上天眷顾，让我能赶上 2019 年开始的第二次考古发掘高潮，还担任了领队。那一次的考古发现可以说是非常惊喜，就在我们快要放弃的时候，3 号坑突然就从地下露出来了，当时我们都惊呆了！因为在正式发掘之前，我们都不太相信有 3 号坑，但是事实就摆在面前，不能说不幸运。

雷雨在认真研究出土文物

记者： 能否向读者透露一下三星堆遗址最新的发掘进度？

雷雨： 在考古工作者的努力下，祭祀区的发掘已经接近尾声了，只剩 8 号坑还有一点工作没完成。也就是说，三星堆祭祀区的田野发掘工作将告一段落。接下来要做的就是在室内进行出土器物的清理修复，还有科技检测等后续工作。

记者： 现在的成果已经足够惊艳，但整个三星堆遗址 12 平方公里，据说已发掘面积只有 2 万平方米。所以相对来说，已发掘到的还只是冰山一角。

雷雨： 的确如此。我们严格遵循国家文物局的相关科学指导，不太赞成每次都大面积开挖，因为如果挖坏一处，损失无可估量。在现有的科技手段或者是研究水平没有达到一定高度的时候，饭要一口一口吃，路要一步一步走，三星堆的考古发掘是好几代人的事业，不可能一口吃成个大胖子。

很多答案有待时间去揭晓

记者： 三星堆博物馆是一座考古遗址类的专题博物馆，现在也成为公众热门打卡地。我注意到一组数据：2021 年三星堆博物馆的参观人数达到 146 万人，同比增长 380.7%，创历史新高。您作为这座博物馆的馆长，有什么经验可以分享？

雷雨： 不同的参观者眼中，会呈现不同的三星堆。有人赞叹中华文明的多元一体和博大精深，有人则直呼神秘文明的亲切和好玩。这些年，三星堆博物馆做了一些探索创新，简单说就是用数字化讲故事，拉近公众与文化的距离。我们运用了一些先进的数字技术，

三星堆遗址出土的扭头跪坐头像

对考古发掘大棚、古蜀王国等场景进行沉浸式数字场景的体验，同时也开放了文物保护与修复馆，向社会共享文物考古发掘保护成果，不断更新和发布文物修复成果。

记者：三星堆申报世界文化遗产的工作一直在加紧推动，目前还欠缺些什么？

雷雨：一些符合世界文化遗产评定标准的关键要素。尽管三星堆的发掘已经有近 90 年了，有些关键的要素依然没有显露出来。例如，三星堆古城的城墙找到了，但是城门在哪里？道路系统是以陆路为主还是以水路为主？如果是像良渚古城那样以水路为主的话，那么它的码头在哪里？有没有水利设施？比方说堤坝。这些问题好像都有一些模糊的线索，但都没有得到明确的确认，而这些往往是申遗的关键要素。关于青铜器的铸造也有争议。三星堆的青铜器究竟是不是在本地造的？很多人相信大部分应该是在本地造的，但由于我们迄今为止还没发现铸铜作坊，所以又有人猜想，这些青铜器会不会是从别的地方搬运过来的？不过这种说法不太可能，因为很多青铜头像内部铸造的泥芯都还在，如果真的是从外地搬运过来，那些很沉的东西一定会被掏掉。所以很多答案还有待时间去揭晓。

记者：最后一个问题，也是大家一直都很好奇的，三星堆和良渚、陶寺、石峁等几个遗址一样没发现文字。您认为会发现文字吗？

雷雨：可能会，也可能不会。之所以说会，是因为那时文字的载体有可能是木器、漆器、丝绸等有机物，已经被损毁了或者是很难被发现，它不像同时期中原地区的文字是刻在龟甲或者是牛骨上面，容易保存。作为考古工作者，我倾向于相信三星堆应该是有文字的，哪怕不是那么成熟、那么系统的文字。倘若没有文字的话，

雷雨在北京大学举办讲座

很难想象会出现如此高度的文明。只是谜底还需要我们进一步探寻。

顺便说一句，也是网友比较关心的另一个话题：三星堆有没有受到现今中国领土范围以外的一些域外文化因素的影响？我只能说不排除这种可能性。以人像造型为主体的青铜器的铸造传统以及崇尚黄金的传统，似乎都不是那个时期华夏文明所具备的最显著特点，应该跟外来的某种文化因素文化传统有所关联。但是鉴于还没找到这种关联的路径、节点或者传播方式，而且在域外也没发现跟三星堆遗址中的器物相似度非常高的同类器，所以目前还只停留在推测阶段，没有定论。这实际上也印证了我们中华文明在起源和形成过程中就是非常开放、兼收并蓄的。

三星堆遗址的一些“国家重宝”

文 / 司晋丽

一、青铜纵目面具

在三星堆出土的众多青铜面具中，造型最奇特、最宏伟壮观的要算这件有“千里眼”“顺风耳”之誉的青铜纵目面具。它高 66 厘米，宽 138 厘米，其形象特征为：眉尖上挑，双眼斜长，眼球呈极度夸张，呈柱状向前纵凸伸出达 16 厘米；双耳向两侧充分展开；短鼻梁，鼻翼呈牛鼻状向上内卷；口阔而深，口缝深长上扬，似微露舌尖，作神秘微笑状。

目前，对这尊造像的研究除普遍认为它表现的是蜀族始祖蚕丛外，尚有几种不同意见：或认为它应是兽面具，或认为面具左右伸展的大耳是杜鹃鸟的翅膀，其形象应是古史传说中死后魂化为杜鹃鸟的第四代蜀王杜宇之偶像，或认为它是太阳神形象；等等。四川省文物考古研究院三星堆遗址工作站的学者们认为，这件面具既不是单纯的“人面像”，也不是纯粹的“兽面具”，而是一种人神同形、人神合一的意象造型，巨大的体量、极为夸张的眼与耳都是为强化其神性，它应是古蜀人的祖先神造像。

二、青铜神树

高 396 厘米，铜树底座呈穹隆形，其下为圆形座圈，底座由三

三星堆遗址出土的青铜神树

面弧边三角状镂空虚块面构成，三面间以内擫势的三足相连属，构拟出三山相连的“神山”意象，座上铸饰象征太阳的“⊙”纹与云气纹。树铸于“神山之巅”的正中，卓然挺拔，有直接天宇之势。

目前，考古界倾向于认为三星堆神树应是古代传说中扶桑、建木等神树的一种复合型产物，其主要功能之一即为“通天”。神树连接天地，沟通人神，神灵借此降世，巫师借此登天，树间攀援之龙，或即巫师之驾乘。三星堆神树是中国宇宙树伟大的实物标本，当可视作上古先民天地不绝、天人感应、人天合一、人神互通之神话意识的形象化写照，是中国宇宙树最具典型意义和代表性的伟大的实物标本。

三、金杖

三星堆祭祀坑出土的金杖是已出土的中国同时期金器中体量最大的一件。金杖系用金条捶打成金皮后，再包卷在木杖上；出土时木杖已炭化，仅存金皮，金皮内还残留有炭化的木渣。在金杖一端，有长约 46 厘米的一段图案，图案共分三组：靠近端头的一组，合拢看为两个前后对称、头戴五齿巫冠、耳饰三角形耳坠的人头像，笑容可掬。另外两组图案相同，其上下方皆是两背相对的鸟与鱼，在鸟的颈部和鱼的头部叠压着一支箭状物。

多数学者倾向于认为金杖是古蜀国政教合一体制下的“王者之器”，象征着王权与神权。据古文献记载，中国夏、商、周三代王朝均以九鼎作为国家权力的最高象征，而三星堆以杖象征权力，反映出古蜀与中原王朝之间文化内涵的差异，显示出浓厚的神权色彩和地域特色。

从围观者到关注者

文 / 何天谷

20 多年前，正值川西坝子油菜花金灿灿盛开的暮春时节，我第一次走进了三星堆博物馆。尽管早已耳闻三星堆遗址“一醒惊天下”的神奇，但眼前高大的青铜立人、纵目人像、精美的金杖和玉璋、长而粗壮的象牙、充满想象力的青铜神树，还是让人产生了过去参观文物古迹从未有过的震撼。作为一名猎奇的考古门外汉，在惊叹三星堆文化的神秘瑰丽、感叹古蜀文明的灿烂辉煌之余，且不顾自己知识的浅陋贫乏，情不自禁随着导游绘声绘色的讲解，凭借早年文学创作培养的想象力，产生了试图破解一个又一个三星堆考古谜团的欲望。意犹未尽离开博物馆，当地朋友邀我品尝了闻名遐迩的广汉连山回锅肉，还送我一尊缩小比例仿制的青铜立人像。这尊铜像至今还存放在我的书柜里。

2011 年秋季，我到了四川省文史馆工作。馆里文史专家云集，其中谭继和、马继贤、冯广宏、屈小强等馆员，或多次参加三星堆、金沙考古发掘，或经年致力于古蜀历史和三星堆考古发现学术研究，发表了大批学术论文。特约馆员黄剑华先生还凭借考古学术研究的深厚功底，采用文学形式叙述古蜀历史故事，描绘古蜀王国的社会生活与传奇人物，讲述古蜀王朝的兴衰更替，创作出版了《古蜀传奇》三部曲。他们或由宝墩遗址、三星堆遗址、金沙遗址间蛛丝马迹的联系中，梳理古蜀历史演进脉络；或从三星堆的青铜玉器中追溯文明始源，阐释古蜀文明在具有鲜明地域特色的同时，与中原夏商文化、长江下游良渚文化乃至与古西亚文明的包容互鉴，从来自印度洋的海贝中求证古蜀先人与海外的交往交流。他们的著述还客观汇集历史迷雾中努力探索的专家们的不同观点，彰显三星堆文明丰富精深、博大厚重以及难解之谜带来的独特魅力，引发读者辨伪求真的浓浓兴趣。我由此知道了前面提到的身着华服、立于高台的青铜立人身份，既有大巫师、蜀王或大巫师兼蜀王等说法，也有对三者说法皆予否定的存疑；其手握器具有权杖说、象牙说、玉琮说或什么也没握只是定格瞬间的祭祀姿势说……这期间的阅读与交流，让我走进了三星堆文化，也渐渐萌发了助力三星堆等遗址保护利用的责任意识。在努力为馆员们创造研究条件、搭建成果展示平台之余，我也利用参加政党协商、政协协商等机会，多次提出关于加强四川古迹遗址、古籍文献保护与研究利用的意见建议，其中不少建议被四川省委、省政府采纳。此外，我也经常向全国文史馆系统专家介绍三星堆遗址，多次陪同他们走进三星堆遗址，意在宣传推广，引发更多同行们的关注方面尽些微薄之力。

又是几年过去，2018 年我担任了第十三届全国政协委员。在社会科学界别，有了向王学典委员等文史专家和袁靖委员等考古专家学习的机会，还有幸参加了刘奇葆副主席率队的大遗址保护专题考察调研活动。不仅开阔了眼界，也进一步激发了为文物保护、文旅发展鼓与呼的动力。5 年间，我利用提交提案、讨论政府工作报告、接受媒体采访等机会，多次提出文化建设的相关建议，多方宣传包括三星堆文化遗址在内的中华文明的独特魅力。2022 年 3 月，我提交了《关于支持三星堆文化遗址保护利用水平的提案》，针对三星堆遗址祭祀区开启新一轮发掘之后的现实问题，在希望国家有关部门支持场馆建设、提升考古装备水平、深化学术研究与交流、启动申遗等方面提出建议。主办单位国家文物局高度重视，与我电话沟通之后，在书面回复中，从三个方面提出了今后支持四川省大力提升三星堆遗址考古和文物保护利用水平的重点工作。办理意见详细而务实，让我非常满意。更令人高兴的是，欣闻国庆节期间，总投资 14 亿多元、建筑面积 5 万多平方米的三星堆博物馆新馆完成了最后一块屋面的混凝土浇筑工作，项目主体结构施工全部完成。今年底，整个新馆形象将全面呈现，预计明年底建成开放。我相信，随着三星堆国家文物保护利用示范区创建工作的有序推进，未来的三星堆遗址必将焕发新的光彩，在讲好古蜀文化与中国文明故事、增强中华民族文化自信中发挥更大作用。

（作者系第十三届全国政协委员，四川省人民政府参事、四川知识分子联谊会会长、四川省政府文史研究馆原馆长。本文原载于《人民政协报》2022 年 10 月 24 日第 9 版）

"中华文明探源·何以中国"之八

河泊所遗址：拼起古滇国文明的美丽图景

——专访云南河泊所遗址发掘负责人、云南省文物考古研究所研究馆员蒋志龙

记者　王慧峰

1956年，云南昆明晋宁县石寨山，金质“滇王之印”出土，轰动考古界。伴随着一些精美青铜器的发掘出土，古滇国由此揭开了神秘面纱。

古滇国，从战国延续至汉代的区域性政权，云南历史上创造过灿烂文明的古王国，疆域主要在以滇池为中心的云南中部及东部地区。长久以来，由于考古资料匮乏，外界对古滇文明认知极为有限。这个神秘王国一度距离我们很远。

近期，古滇国考古获得重大突破。在国家文物局9月28日举行的“考古中国”重大项目发布会上，云南省文物考古研究所发布最新考古成果：去年以来，云南河泊所遗址出土大量汉代封泥和简牍，为寻找西汉所置益州郡的郡治提供了线索。这表明西汉中央政府已经对云南行使治权，是我国统一多民族国家形成与发展的重要实证。

云南河泊所遗址发掘现场

曾经的沉寂

“西南夷君长以什数，夜郎最大；其西，靡莫之属以什数，滇最大；自滇以北君长以什数，邛都最大；此皆魋结，耕田，有邑聚。”2000多年前，云南滇池沿岸曾经有一个被称为“滇”的古老文明。《史记·西南夷列传》中的这段文字，是古文献中最早涉及古滇国的记载。

1956年，考古工作者在晋宁石寨山墓地中发掘出土了“滇王之印”金印及大量青铜器，揭开了古滇王国神秘面纱的一角。之后，玉溪江川李家山古墓群、昆明市官渡区羊甫头墓群等多个重要滇文化遗址的陆续考古发掘，出土了数以万计的滇国遗物，这个沉睡了2000多年的古老王国逐渐向世人显露真容，古滇王国的光辉才重现于世。

记者：河泊所遗址最早发现于1958年，之后沉寂了长达半个世纪。其中有何缘由？

蒋志龙：河泊所遗址位于云南省昆明市晋宁区上蒜镇河泊所村，滇池东南岸，东北距出土“滇王之印”的石寨山墓地仅700余米。1958年，中国社科院考古所的考古学家发现了包括河泊所遗址在内的10余处螺壳堆遗址，考古上称为贝丘遗址。根据调查报告描述，遗址堆积的螺壳高出地表8米、长达里许，在这些螺壳堆中发现的主要器物是一些同心圆纹红陶盘。但当时在滇池盆地并没有发现更多的证据，在墓葬中也没有发现此类的同心圆盘，因此考古学家认为，这处遗址是新石器时代的。而这种将同心圆纹盘认定为新石器时代的代表性器物的认识，也一直持续了将近半个世纪。

云南河泊所遗址发掘负责人、云南省文物考古研究所研究馆员蒋志龙在考古现场

记者：河泊所遗址被当作新石器时代贝丘遗址这种认识，是什么时候发生改变的？

蒋志龙：1990年，为配合昆玉铁路建设而进行的玉溪刺桐关遗址的考古发掘是首个爆发点。我们在该遗址的堆积中发现这些红陶盘和青铜小件工具乃至汉代陶器共存。可以说，刺桐关遗址的发掘，首先纠正了长期以来以同心圆纹红陶盘为新石器时代遗存的错误认识。

2006年，我们在昆明西山天子庙遗址首次发现了青铜时代的聚落遗址，尽管遗迹现象不多，但在地层堆积中发现了与在墓葬中出土的同样的青铜器、玉器和陶器。

事实上，自1955年石寨山古墓群发掘以来，特别是1956年6号墓出土“滇王之印”以来，乃至整个20世纪，云南省青铜时代考古主要围绕墓葬进行，在聚落遗址方面着力不多。2008—2010年，我们与美国密歇根大学人类学系合作，联合进行滇池地区史前聚落遗址考古调查，发现了近79处滇文化和汉文化的遗址。其中，河泊所贝丘遗址距离滇国贵族墓地——石寨山墓地很近，并且遗址规模非常大，我们推测这一区域很可能是古滇国的都邑。也正是此次调查，坚定了我们寻找古滇文化聚落遗址的信心。

2014年，我们以石寨山古墓群为核心，将整个滇池地区六大滇文化分布区纳入“石寨山古墓群大遗址考古”项目中，同年，国家文物局核准了这项考古计划，并指出现阶段的重要任务就是寻找该文化的聚落遗址。当年年底启动的石寨山古墓群大遗址考古工作，主要工作方法是大范围的考古调查、大区域的考古普探，在此基础上进行重点勘探，最后再选择重点遗址进行考古发掘，其核心就是寻找该文化的聚落遗存和可能存在的城址。

蒋志龙在认真研究出土文物

“放在以前，谁都不信”

古滇国地处中国西南一隅，是从战国延续至汉代的区域性政权。《史记》中有“汉武帝元封二年，滇王尝羌降于汉，汉赐滇王王印，复长其民”等记载，但寥寥数百字几乎是它的全部。此后《汉书》《后汉书》《华阳国志》等关于古滇国的记载皆径抄之。

2019年，考古人员在河泊所遗址中发现了一枚“滇国相印”封泥。这枚小小的“滇国相印”封泥，其重要价值不亚于“滇王金印”，表明汉武帝在古滇国设立了“滇相”，建立起一套行政管理体系。在蒋志龙看来，它是汉中央政府对古滇国及其周边地区有效行政、国家治权的象征，是中华民族从“多元”走向“一体”的历史见证。

记者： 您曾说过，“缺少村落遗址的古滇文化就像缺了一条腿”。对普通公众来说，由于史料和考古实证资料的匮乏，古滇国也一直是个谜一样的存在。

蒋志龙： 是的，古滇国文明是人类文明的重要组成部分，是云南历史上最为辉煌的时期之一。但是过去很长一段时间里，在滇池盆地只发现古滇文化的墓葬，后来终于找到了古滇文化村落遗址，这是古滇国文化考古的重大发现。

2016年，考古队在对河泊所片区的考古钻探中，发现了一些有趣的迹象，众多高出水面的台地和水系（古河道）相间排列，构成了河泊所堆积的主要形态，而这些台地和水系又不像是自然形成的，像是人类有意识的行为。但要确定这些台地到底是什么性质的堆积，

云南河泊所遗址出土的汉代封泥

仅靠考古钻探是无法解决这个问题的。于是，我们向国家文物局申请对台地的发掘，而西王庙是我们首先申请发掘的台地。

2016—2017 年，在对位于下西河村的西王庙所在的台地的考古发掘中，在距地表三四米以下，我们发现了汉代的地面遗迹，也就是说汉代时期人们生活的地面比现今的滇池水面要低三到四米，表明那个时期的滇池周边陆地面积比现今要大得多。反过来说，那时期的滇池还没有现在的滇池水面宽。而滇文化时期的地面海拔则更低。

记者：这些考古发现能说明什么问题呢？

蒋志龙：我们在西王庙遗址的发掘中发现了汉代和早于汉代的滇文化时期乃至时代更早的商周时期先滇文化时期的聚落遗存，是首次在滇池东南岸的冲积平原地区发现汉文化和滇文化的聚落遗址，这是石寨山大遗址考古工作的重大突破，为我们在平原地区寻找石寨山文化的聚落遗址指明了方向。

现在我们可以肯定地说，河泊所是一个聚落遗址，地下埋有古代的村落，而且还埋着古滇国的都城。这要放在以前，谁都不信。

记者：确定聚落遗址后，您和同事们是怎样推进河泊所遗址的发掘的？

蒋志龙：我们依靠每年国家文物局批的发掘项目，同时开展发掘、勘探和整理工作。每年安排一平方千米的考古勘探，安排一到两个小项目的整理。

2018 年，在对河泊所村东的编号为台地 3 的发掘中，我们发现了大量的瓮棺和柱坑类遗迹以及其他遗迹现象，如此数量众多的瓮棺，在国内也是不多见的，在滇文化分布区内也属首次发现，极大

云南河泊所遗址出土的文物

地丰富了对葬俗的认识。尽管现在还没有释读出其所蕴含的历史现象，但它作为河泊所遗址群中一类特殊存在的遗存则是毋庸置疑的。

2019 年初，在台地 3 西边一处汉代废弃河道的灰坑中，考古人员对清理的土样进行水洗，发现了包括“滇国相印”“王敞之印”和“田丰私印”等封泥在内的几枚封泥，与封泥同出的还有瓦片、陶罐、陶釜以及其他铜质和石质的文物。

我到现在都记得当时队员告诉我说发现了一枚“滇国相印”封

云南河泊所遗址发掘现场

泥时的情景，大家都很激动。我直觉这是一个填补历史空白的巨大发现。

司马迁的记载中没有提到过滇相的问题，但是从汉代建制来说，滇相是中央政府任命的管理这一地区的最高行政长官。“滇国相印”封泥的出土，不仅弥补了《史记·西南夷列传》等古代文献关于古滇国史迹记载的缺失，而且从实物史料上证实了古滇国的存在。标志着汉武帝在设立益州郡、赐滇王王印的同时，也设立了“滇相”，建立了一套行政管理体系。从这些材料推测，早在 2000 多年前，滇中地区就已经纳入中原王朝的行政管理体系之中。“滇国相印”封泥的发现还具有重大的学术价值，为了解滇国附汉后的政权性质、行政模式和职官制度等都提供了重要线索。

此外，2020 年 9 月至 12 月间，我们对河泊所村和下西河村之间，西王庙以北，南邻金砂路的范围进行考古发掘，发掘揭露出丰富的文化层堆积，堆积厚度深 1.45—5.8 米，包含了从西汉中期以前、西汉至东汉以及明清时期的堆积，以西汉至东汉时期的堆积最为丰富。

一幅河泊所古滇国都城的美丽图景

中原文明与少数民族文化碰撞共生，创造出灿烂多姿的古滇文化。

河泊所遗址最新考古发现，为寻找西汉所置益州郡的郡治提供了线索。大量简牍的发现，是中国南方继湖南“里耶秦简”发现之后的又一重大考古发现，其发现的行政、司法简牍，内容丰富，与已经发现的封泥相互印证，从武帝设置益州郡开始，云南开启了跨入统一的多民族国家的新篇章，云南现今的边疆格局早在两千多年前就已经形成。

在考古工作者的努力下，古滇国文化的面貌越来越清晰地呈现在世人面前。

记者：上月底，国家文物局“考古中国”发布了河泊所遗址的最新考古成果：去年以来，河泊所遗址出土大量汉代封泥和简牍。如您所说，当时一枚“滇国相印”已经是很重大的发现了，那此次收获是不是更为惊喜？

蒋志龙：对！这次公布的考古发现非常丰富，就汉代文化遗物而言，大家关注最多的是封泥和简牍，此外还有大型建筑基址和宽阔道路等。

2021 年 3 月至 12 月，我们对位于昆明市晋宁区上蒜一小北区域约 2000 平方米进行考古发掘，发现了大型道路和疑似大型建筑的基址和灰烬堆积、房址、水井、墓葬等遗迹 441 个。发掘出土遗物十分丰富，当然重要的发现之一就是封泥。

此次发现了 500 多枚封泥，除了益州太守的封泥外，还有益州郡所辖县的长官封泥，比如说“滇池长印”。在汉代，大县置令，小县置长，说明当时滇池是益州郡下辖的一个小县，同时也可以说明滇池在汉代就有专人来进行管理。在公元前 109 年以后，就像是中原地区一样，纳入了中央王朝郡县制的管理之下了。

目前已经发现了汉代益州郡所辖24个县中18个县的官印封泥，还有 6 个县的封泥不排除在未来会被发现。除了官印之外，同时出土的还有一些私印的封泥，如“宋虞之印”“君冯私印”等，我们猜测这些私印就是官员的名字。这些内容当年在《史记》《汉书》《后汉书》甚至是《华阳国志》中都未见记载，可以说这些发现填补了一个巨大的空白，让我们对于这段历史的认知更加全面。

云南河泊所遗址出土的汉代封泥

云南河泊所遗址出土的汉代简牍

记者：除了封泥之外，此次考古发现最引人关注的还有大量的汉简。

蒋志龙：是的，在上蒜一小校园内发掘的150平方米，我们发现带汉字的200多枚简牍，绝大部分还在清理中，已经认出的文字包括“滇池以亭行”“罪当死”“建伶长”“始元四年”（前83年）等，是反映当时益州郡行政往来和司法制度的物证。这些简牍大部分是官方文书，有法律方面的，也有政务方面的，都是现实生活的真实反映。这些细节，对于研究统一的多民族国家的形成有着巨大的价值。

记者：在您看来，去年以来的考古新发现的价值和意义在于？

蒋志龙：如果说20世纪50年代“滇王金印”的发现，是我们了解古滇国是否存在的一个契机，那么这次的发掘则像是打开了一扇窗，为研究我国统一多民族国家形成与发展的历史过程提供了更多材料。目前我们的首要任务是要把出土的简牍保护好、研究好。另外，根据这批材料，我们还可以研究汉代云南与蜀地、与中央的关系。

记者：最近10年中国考古事业取得巨大发展。您从2014年开始带队对河泊所遗址进行发掘。身处其中，想必有颇多收获和感悟吧。

蒋志龙：进入新时代以来，我国考古事业发展确实有目共睹，我自觉赶上了最好的时候。

在近年的考古勘探和发掘中，尽管还没有碰到惊天的考古发现，但我们所走的每一步都是实实在在的。这些看似孤立、相互之间缺乏有机联系的遗迹，却为我们了解历史的真相提供了线索。每一次新的收获，都使我们距历史的真实更近一步。

迄今我们所发掘的几个台地，几乎没有一处功能是完全相同的，相互之间完全不搭，这反倒坚定了我们的信心，完全不搭就是一种搭！这些不同功能的台地和水系共同构筑起河泊所遗址群作为古滇国都城的完整体系。我们所做的是将这些零星的方块拼接起来，构成一幅河泊所古滇国都城的美丽图景。

多元一体　休戚与共

文／吉　平

早在新石器时代，中国这片土地上就已形成了一个以中原为核心，包括不同经济文化类型的多元一体格局。著名考古学家苏秉琦的“满天星斗说”、严文明的“重瓣花朵式”学说和韩建业的“早期中国文化圈”学说，都以大量考古学证据证明，早在距今5000—6000年前，中国这片土地上已经出现了一个文明共同体，不同地域、不同文化传统、不同经济模式的群体之间，已经发生了频繁的交往交流和交融，统一的趋势在这一时期已经出现。后经夏商周到春秋战国时期蔚为大观，最终在秦汉实现了实际的统一。从此以后，统一成为中华文明的主流，正如费孝通先生所指出的，“多元一体”的特征是中华文明具有强大活力、连绵不断的生命力所在。

中华文明是各民族文化的统一体，是各民族文化兼容并蓄、共生共荣的文化共同体，与各民族文化是相辅相成、相互依存的，这种文化上的认同就是民族团结的根本，是中华民族共同体意识的思想基础，它反映了中华民族共同的道德准则、精神面貌和理想追求。我国辽阔的边疆地区是各族人民共同开拓的，我们悠久的历史是各族人民共同书写的，我们灿烂的文化是各族人民共同创造的，我们伟大的精神是各族人民共同培育的。通过开展中华文明探源的考古工程，我们对各地区文明起源、形成和早期发展过程以及这一过程的背景、原因等有了更深刻的认识，为研究中华文明多元一体格局提供了翔实可靠的第一手资料，使人们能够真实了解我们的民族、国家和文明是如何走到今天的。

我国边疆和少数民族地区的文物遗存是中华文明的重要载体，是中华民族共同体意识的实物例证，它们记录了各民族的社会制度和生产生活轨迹，具有不可再生性和不可替代性。目前，我国边疆和少数民族地区的许多重大考古发现，对于深刻认识各民族交往交流交融的历史、强化多元一体的中华文明精神标识和文化标识，对于推动民族团结进步事业，具有极其重大的现实意义。例如，中国社会科学院考古研究所新疆考古队经过考古发掘，以实物证据确认北庭故城外城为唐代构建，展现了唐代北庭都护府的历史地位。又如，内蒙古考古工作人员发掘的元上都遗址，是自治区内唯一的世界文化遗产，是中原农耕文化与草原游牧文化融合的产物，它再现了元朝繁荣的社会形态、融合的民族关系，以及开放包容的文化繁荣，其城址的设计与规划无不体现了对汉文化的吸收与延续；甘肃西和县仇池故国遗址出土的“魏归义氐侯”“晋归义氐王”“晋归义羌侯”三枚金质封印，分别是三国魏政权和西晋中央王朝赐给氐族、羌族首领的御印，体现了中央与地方的政治关系；西藏拉萨大昭寺门前的唐蕃会盟碑、河北承德外八庙以及云南普洱民族团结誓词碑等大量少数民族文物，都反映了历史上各民族追求团结、向往统一以及对伟大祖国的认同，是多元一体、休戚与共的中华民族命运共同体的历史物证。

习近平总书记指出：“考古工作是一项重要文化事业，也是一项具有重大社会政治意义的工作。”考古的重大社会政治意义，就是弘扬中华优秀传统文化，增进民族团结，增强文化自信。通过开展广泛的边疆地区考古发掘研究，我们对边疆地区在中华文明起源和发展过程中扮演的重要角色、各民族交往交流交融的历史，会有更深刻的认识，可以极大地增强民族团结意识。

我国地域广阔，边疆地区占国土面积的一半以上。各地区的文明起源、形成和早期发展是不平衡的，尤其边疆和少数民族地区，这一发展过程、原因等有待深入挖掘和认识。我认为，今后可以配合“中华文明起源与早期发展综合研究”和“考古中国”等重大项目，制定实施边疆地区重要考古规划和实施办法，围绕史前文明、中国文化基因以及边疆与周边文化交往交流交融等一系列问题展开考古发掘和阐释工作。我们可以划地区、分阶段、有目的展开边疆考古发掘和阐释，对边疆地区在中华文明起源和发展过程中扮演的重要角色、各民族交往交流交融的历史，形成更深刻的认识，极大增强各民族“休戚与共、荣辱与共、生死与共、命运与共的共同体理念”。

铸牢中华民族共同体意识，就是要引导各族人民增强对中华文化的认同。考古研究和阐释边疆民族地区丰富的历史文化遗产，对于讲好中国故事，特别是讲好边疆地区各民族融合发展的历史故事，增进民族团结，维护边疆稳定和文化自信，具有重大现实意义。因此，我们要加强考古发现和历史研究成果的转化和传播，教育和引领广大干部群众特别是青少年，认识中华文明起源和发展的历史脉络，认识中华文明的灿烂成就，认识中华文明对人类文明作出的巨大贡献，不断增强对中华文化的认同，增进中华民族的凝聚力和自豪感。

（作者系第十三届全国政协委员、内蒙古自治区文物保护中心主任。本文原载于《人民政协报》2022 年 10 月 27 日第 7 版）

"中华文明探源·何以中国"之九

科技考古：勾勒古代中国的历史细节

——专访全国政协委员，中国社会科学院考古研究所研究员、复旦大学科技考古研究院院长袁靖

记者 司晋丽

过去的十年，8800 多项考古发掘项目有序开展。在对中华文明起源的不停追寻中，考古人实证了中华文明脉络，将我国百万年的人类史、一万年的文化史、5000 多年的文明史的历史画卷展现于世。

浙江良渚、陕西石峁、河南二里头、四川三星堆……这些中华文明探源工程和“考古中国”的重大项目之所以能够取得令人瞩目的成果，都少不了科技考古的力量。

无论是回顾新中国考古的历史，还是审视当下，科技考古在考古学中都发挥着举足轻重的作用。在考古学蓬勃发展的大好形势下，科技考古必将大有可为。

第十三届全国政协委员，中国社会科学院考古研究所研究员、
复旦大学科技考古研究院院长袁靖测量动物遗存

“我国的科技考古自20世纪20年代初期就开始了，几乎跟中国考古学的开始同步”

记者： 首先祝贺您《关于推进土地储备考古前置工作的提案》荣膺政协第十三届全国委员会优秀提案奖。作为一名全国政协委员，您在全国两会期间多次为文化遗产保护和考古事业建言，原因何在？

袁靖： 中华民族的辉煌历史和灿烂文化都需要文化遗产这个实物证据的支撑。就像我们现在评价前人在对待文化遗产的功过得失一样，我们一定要给后人留下我们这代人对于中华民族祖先的敬畏、对于中华民族优秀文化的传承、对于中华民族文化遗产保护的责任和担当。我长期在考古机构工作，自2017年开始，又担任复旦大学科技考古研究院院长，对考古、文物、文化遗产保护和博物馆等一线的实际状况有比较全面的了解，这些都促使我认真思考从宏观和微观上如何处理现实中存在的相关问题，如何从整体上推进我们的文化遗产保护和利用工作，用提案的形式向有关部门提出建议。在全国政协十二届和十三届的历次会议上，我一共提出了30多项提案，内容涉及文化遗产保护和利用、境外考古，包括科技考古在内的国内考古、博物馆等多个方面。我的这些提案受到国家有关部门的高度重视，解决了一些实际问题。

记者： 在中国从事科技考古的研究人员中，您的专著、主编的论文集和教材是数量最多的。您是从何时开始关注科技考古的？

袁靖： 我于1989年3月到日本留学，攻读博士学位，学习环境考古和动物考古，应该说从那个时候开始，我就关注科技考古的内容。多年来，我出版了《中国科技考古导论》《科技考古文集》《中国动物考古学》等专著，主编了《中国科技考古纵论》《中国科技考古讲义》等论文集和教材，以及以书代刊的《科技考古》第一辑到第五辑。我一直发奋努力，为推动中国科技考古的发展贡献自己的力量。

记者：我国科技考古肇始于何时？分哪几个阶段？

袁靖：如果追根溯源，早在 1920 年，从事化学史研究的王琎就率先对汉代的五铢钱进行化学分析，探讨这类文物的合金配比等问题。1924 年，北京大学的《研究所国学门考古学会开会记事》中明确提出,要吸收自然科学相关学科的研究人员参加考古学研究。因此，我们的科技考古可以说自 20 世纪 20 年代初期就开始了，几乎跟中国考古学的开始同步。

我认为中国的科技考古发展可以分为三个阶段，第一个阶段是自 20 世纪 20 年代到 70 年代，可以称为探索期，表现为一些学者尝试着把自然科学相关学科的方法和技术应用于考古学研究之中。第二个阶段是 20 世纪 80 年代至 90 年代初，可以称为初步发展期。这个时期从事科技考古的研究人员人数增多，一些单位成立了专门从事科技考古研究的机构，科技考古的研究成果不断涌现。第三个阶段是 20 世纪 90 年代中叶至今，可以称为快速发展期。这个时期国家的“夏商周断代工程”“中华文明探源工程”等大型科研项目中都突出科技考古的研究内容，多个科研机构和高校高度重视科技考古，各项研究开展得有声有色。

记者：可以为我们科普一下科技考古的定义和分类吗？

袁靖：科技考古的定义比较长。如果简要概括，科技考古就是

2012 年袁靖在江苏省张家港市参加“中华文明探源工程”学术研讨会

以考古学研究的思路为指引，把自然科学等相关学科的方法和技术应用于考古发掘和研究之中。科技考古大致可以分为数字考古、年代测定、古 DNA 研究、同位素研究、有机残留物分析、环境考古、人骨考古、动物考古、植物考古、冶金考古、陶瓷器科技考古、玉石器科技考古等 12 个领域。这些领域的众多科研成果，为考古遗存测定了绝对年代，为探讨古代人地关系复原当时的自然环境状况，为研究古人的体质、基因、食性特征提供各种信息，涉及从生产力到生产关系，从经济基础到上层建筑方方面面的研究，为研究古代历史提供科学证据，勾勒出古代历史发展中的诸多细节。

“实验室考古是移动了遗迹，即把遗迹搬到实验室开展工作。而考古方舱是移动了设备，即把一些检测设备搬到工地现场，随时发掘随时检测”

记者：在“中华文明探源工程”中，科技考古发挥了哪些作用？您刚才提到，科技考古为研究古代历史提供科学证据，勾勒出古代历史发展中的诸多细节，可以列举一些有代表性的例子吗？

袁靖：我举三个实例：

首先，碳—14 年代测定确定了中华文明起源和发展过程中的三个关键性时间节点，分别是：距今 5800 年前后，黄河、长江中下游以及西辽河等区域出现了文明起源迹象；距今 5300 年以来，中华大地各地区陆续进入了文明阶段；距今 3800 年前后，中原地区形成了更为成熟的文明形态，并向四方辐射文化影响力，成为中华文明进程的核心与引领者。

其次，通过动物考古和植物考古，得出农业经济在中华文明起源和早期发展过程中的基础作用及与上层建筑的辩证关系。一是在中华文明的起源时期，大致为公元前3500年至公元前2000多年，黄河、长江中下游地区和西辽河流域的农业经济持续发展为当地的社会复杂化进程奠定了经济基础。二是大约自公元前2500年到公元前1500年，中原地区经济基础与上层建筑的相互作用促进了包括传承原有的技术、引进和开发新的生产力在内的整个农业形态的发展，形成了可持续发展的趋势。三是大约在公元前2500年到公元前1500年这个时间段里，除中原地区之外的其他地区的农业经济最终没有形成可持续发展的趋势，导致文化衰退或朝着转型的方向发生变化，最终没有像中原地区那样持续发展起来。

最后，在河南偃师二里头遗址中开展科技考古带来了标志性突破。

学术界一般认为二里头遗址是夏王朝晚期的都邑。1959年以来，历经半个多世纪的田野考古发掘与研究工作，充分揭示出了二里头遗址宫室、城墙与道路系统为代表的聚落形态，青铜器、陶器、玉器、绿松石器等遗物表现出的文化面貌，墓葬、祭祀坑、卜骨等所展示的宗教观念等。自“夏商周断代工程”开始，就聚焦二里头遗址的绝对年代开展研究，后来的“中华文明探源工程”各个阶段的研究，也一直把二里头遗址作为重点。碳—14测年、环境考古、人骨考古、动植物考古、同位素分析、古DNA研究、冶金考古、陶器科技考古、玉石器科技考古等科技考古诸多领域都介入二里头遗址的研究之中，二里头遗址是公认的迄今为止中国考古学学科范畴内科技考古各个领域的研究介入最多的一个遗址。这样全方位的研究，极大地拓展了学术界对于二里头遗址的绝对年代、周围资源与自然环境、人群构成、农业经济、手工业技术、文化交流等诸多方面的认识，也为

袁靖在中央电视台做节目

科技考古全方位介入考古遗址的发掘与综合研究提供了一个精彩的案例，值得在全国范围内推广。

记者：近年来，普通大众对考古的兴趣越来越浓厚，一些遗址考古工作经常会引起围观。人们发现，无论是在三星堆遗址还是近期湖北郧阳学堂梁子遗址的考古发掘中，都出现了令人备感新奇的考古方舱，可否请您介绍一下这种高科技？

袁靖：考古方舱就是把实验室搬到工地，是实验室考古的放大版，即把整个发掘区域当成一个遗迹单位，用玻璃罩罩起来，在里面开展考古发掘、检测和保护。这是对特殊的重点遗址发掘时采取的一种特殊的措施。可以这样说，实验室考古是移动了遗迹，即把遗迹搬到实验室开展工作。而考古方舱是移动了设备，即把一些检测设备搬到工地现场，随时发掘，随时检测。由于方舱的面积很大，考古人员不能像实验室考古那样站在地上对遗迹进行清理，需要在方舱里借助升降设备，趴在设备上开展发掘工作，这样可以保证不破坏遗迹和遗物。

科技考古的研究成果要融入考古学的综合研究之中

记者：在作此前的“中华文明探源·何以中国”的采访报道时，我们发现，一些遗址的考古发掘现场中，科技考古人员的数量超过了田野考古人员。这是否代表着今后的一种趋势？

袁靖：其实在二里头遗址的发掘和研究的整个过程中，科技考古人员的数量就已超过了考古人员，这是跟现在的考古发掘和研究的内容密切相关的。现在的考古发掘和研究中，除了发掘人工遗迹和遗物，从对人工遗迹和遗物的形状特征切入，开展深入研究外，还需要了解遗址的年代、当时的自然环境、古人的体质特征、包括DNA研究和食性分析在内的古人的各种信息，他们获取动植物资源的各种行为，那个时候的手工业发展状况，这涉及认识各种器物的材质、原料来源、制作技术等。这些方面的探讨属于多个不同的研究领域，需要有各个领域专门从事相关研究的人员来开展工作，这样就形成了一个人数较多的科技考古团队。在一个具体遗址开展考古发掘的人员往往就是几个人，相比之下，科技考古的人员就显得较多了。尽管如此，考古人员依然是核心，是考古发掘和研究、揭示一段特定的历史的总负责人，科技考古的研究成果要融入考古学的综合研究之中。

记者：我国科技考古还有哪些需要完善之处？

袁靖：目前还存在一些问题，比如科技考古的普及率不高，研究程度参差不齐，尚未充分发挥作用。以2021年经国家文物局批准的1702处考古发掘项目为例，其中，以学术研究为目的的主动性考古发掘项目有300余项，普遍注意年代测定、环境考古、人骨考古、动物考古、植物考古等科技考古的工作。而1300余项基本建设考古发掘项目，由于任务紧、时间有限、经费缺乏保障、从事相关科技考古的人员有限等诸多原因，大部分未开展科技考古工作，年代测定、环境考古、动植物考古等尚未作为常规性技术普及应用。这不仅造成考古发掘现场信息采集的不完整，而且影响到后续的深入研究，限制了我国考古学科和考古事业的高质量发展。我个人理解，可以从完善推行科技考古的制度保障，加强科技考古队伍、标本库和数据库建设，强化科技考古人才培养等几个方面进行改进。

记者：国家鼓励高科技成果在考古、保护、展示方面的应用试点。去年国家文物局印发的《大遗址保护利用“十四五”专项规划》中，提出到 2025 年，要深化遗址科技应用等八项任务。这预示了一种怎样的方向？

袁靖：放眼世界，考古学已经逐渐发展成一个以人文科学研究为目的、包括大量自然科学研究手段的学科。能否更加广泛、更加有效地在考古学研究中运用各种自然科学研究方法已经成为 21 世纪衡量一个国家考古学研究能力与水平的极为重要的标尺。

近年，国家在人员编制、科研经费等方面都向考古倾斜，正在推行多个包括科技考古在内的重大科研项目。中国如此重视考古事业的发展，在人员、经费上做出如此之大的投入，这在世界上都是罕见的。国家有关部门在政策上也越来越注重推动科技考古的发展。比如在 2022 年初《教育部办公厅和国家文物局办公室关于实施考古学国家急需高层次人才培养专项的通知》中，科技考古是通知中列出的八个优先开展专项人才培养的研究方向之一。按照最新统计，中国现在专门从事科技考古的人员有 400 多人。在天时、地利、人和这样的大环境下，中国的科技考古从整体上呈现出一个欣欣向荣、蒸蒸日上的局面。中华民族有着悠久的光辉历史，通过包括科技考古在内的全方位的考古学研究，中国学者一定能够为展示全人类的文明发展史作出自己独特的贡献，为建设中国特色、中国风格、中国气派的考古学，更好地认识源远流长、博大精深的中华文明发挥自己重要的作用。

让考古成果更多走向大众

文 / 贺云翱

考古学作为现代科学，除了其专业性之外，还有两个特点，一是实物性，二是发现性。前者让普通人也能“眼见为实”，容易走近，产生共情；后者给人神秘性、新鲜性、未知性，能够满足人们所普遍具有的好奇心。为此，几乎所有的重大考古发现都会成为社会的新闻热点。30 多年前，我先后在江苏扬州高邮神居山和徐州铜山小龟山参加发掘西汉广陵王刘胥家族墓和西汉楚王刘注墓，就感受过大众对考古发现的喜爱，每当我们有重要发现，仅靠口耳相传，就会有成百上千的人来围观考古发掘现场。

近些年，随着人民群众物质生活水平的提高，对精神生活的需求也随之旺盛，于是“公共考古”的事业应势而生。“公共考古”最初诞生于西方国家，说白了就是让考古走出狭小的考古学术圈，走向大众，让普通人也能分享考古发现带来的知识和乐趣。与此同时，考古旅游、考古研学、考古博物馆、考古专题展、考古公共讲座、考古科普书籍、考古文学、考古电影、考古文创等也受到了社会欢迎。

我国是“以人民为中心”的社会主义国家，为此，著名考古学家苏秉琦先生早在 1950 年就提出“考古是人民的事业”这一观点。新闻媒体长期以来也比较重视对重要考古发现的报道，但是，“公共考古”真正在中国兴起还是近十几年的事。如 2009 年的河南安阳

“曹操墓”的考古发现，曾引起社会广泛的关注，同一年，山西考古研究院建立了“公共考古与文化遗产保护室”，2014 年更名为“公共考古研究部”。也是 2014 年，中国考古学会成立“公共考古事业指导委员会”，考古学家王仁湘先生担任这个委员会的主任；这一年，南京大学文化与自然遗产研究所还创办了全国第一家公共考古月刊——《大众考古》，受到考古界的普遍好评。复旦大学的高蒙河教授还在学校开设了公共考古课。2021 年，四川三星堆遗址考古发现在央视直播，吸引 400 多万人在线围观和多达 10 亿多人次的网络阅读讨论量；中国年度十大考古发现专家评审现场直播同样也获得数以亿计的公众关注。

近年来，以习近平总书记为首的党中央高度关心考古事业。考古学家陈星灿先生和王巍先生先后走进中南海为中央政治局集体学习解说考古与中华文明探源问题。习近平总书记提出要建设中国特色、中国风格、中国气派的考古学，指出“考古工作是展示和构建中华民族历史、中华文明瑰宝的重要工作”；全国政协也多次组织委员们讨论考古对中华文明探源的意义，并组织委员走进考古工地开展专项考察。可以说，践行考古学的人民性，本身就构成中国特色、中国风格、中国气派的考古学的重要内容。国家文物局作为中国考古事业的主管机构，在公共考古方面也采取了建立对社会开放的“大遗址”“考古遗址公园”和“考古博物馆”等机制。考古走向公众，考古服务社会，是时代趋势，也是人民的呼唤。

现在看来，考古走向大众还有许多工作要做。我们的“考古遗址公园”和“考古博物馆”的数量还不多；有时候考古发现的新闻报道渠道还不够通畅；考古旅游和考古研学才刚刚起步；对考古发现做深入浅出的阐释性陈列还没有受到普遍重视，而这方面在国外已经有非常成功的案例；面向公众的考古讲座还十分稀缺；考古机构主动设立公共考古部门并安排专门人员负责考古科学普及的也不多；考古科普读物远远跟不上读者需求，反而是那些编造的“盗墓”故事的读物影响很大；考古与互联网、数字化的结合已经有诸多产品，但是真正成功的作品毕竟还少；至于考古现场向公众适度开放的问题已经议论了很久而难有突破；公共考古的制度性支持还是空白……

考古，一方面有它特殊的科学性要求，另一方面又深受公众关注和欢迎；要让考古走向大众，一方面我们已经取得诸多成就，但离人民的多样性需求还远远不够。其中，最匮乏的因素是什么？我认为，就是科普。诚如袁靖先生所言，考古工作就是要探讨中华文明起源和发展过程，再现中华民族的发展史，为中华民族修家谱，在实现历史自觉、增强文化自信方面发挥重要的作用。中国考古走过百年，唤起的公众考古热情令我们欣喜，但考古的专业性又往往是一道难住他们的“拦路虎”，如果对祖先留下的瑰宝只能望而却步，又何谈自信？因此，我认为，考古学家们要“双向发力”，既要发展好包括科技考古在内的学术事业，拓展我们对中国百万年文化历史和 5000 多年文明史的认知，同时又能够用一些生动通俗的话语来做好面向大众的考古科普，让每个普通人都能够成为心怀自信的历史“阅读者”和“解说员”。

我相信，随着党的二十大提出的中国式现代化要实现全体人民共同富裕、物质文明与精神文明相协调以及建立民族的科学的大众的社会主义文化等发展目标的践行，中国的考古学人一定会在各方面的支持下恪尽职守，千方百计让考古成果更多走向大众，走向世界。

（作者系第十三届全国政协委员，南京大学历史学院教授、南京大学文化与自然遗产研究所所长，中国考古学会公共考古专家指导委员会副主任。本文原载于《人民政协报》2022 年 11 月 4 日第 3 版）

"中华文明探源·何以中国"之十

学科融合：让考古变得更加精准、安全、高效

——专访中国社会科学院考古研究所副研究员、青海都兰热水墓群"2018血渭一号"墓项目负责人韩建华

记者 王慧峰

多学科合作，是近年来考古新发现的一个共同特点。

从传统的“手铲释天书”，到各种“黑科技”大显身手，科技成为考古发展的新动力、新引擎。近年来，各个前沿学科深度参与考古田野调查、勘探、现场发掘、资料整理与研究分析、文物保护的全过程，跨学科研究、多学科携手的趋势与效果日益彰显，“中华文明探源工程”“考古中国”成果多点开花，中国的历史轴线不断被拉长。

溯源之外，不少考古项目在学科融合中也推进了对中华文明内部交流的研究。其中，青海都兰县热水墓群“2018 血渭一号”墓的考古发掘，就被视作多单位、多学科合作的成功典范，还因其田野发掘的科学性、系统性以及突出的学术价值入选 2020 年度全国十大考古新发现。

哪些学科参与？这些学科的介入对考古而言意味着什么？我们充满好奇。

“2018 血渭一号”墓葬位置及环境

“小处着手，大处着眼”

地处柴达木盆地东南沿的青海省海西蒙古族藏族自治州都兰县，是丝绸之路青海道的重镇。

40 年前，位于都兰县热水乡境内察汗乌苏河两岸的热水墓群被发现，其中就包括著名的“血渭一号”墓，出土了大量文物，有力地证明了从北朝至隋唐时期，青海道是丝绸之路上的一条重要干线，都兰则是东、西方贸易的中转站。

记者：相比青海都兰热水墓群“血渭一号”墓，小说《鬼吹灯》里以其为原型虚构而成的“九层妖楼”可能更为出名。我们好奇，这是一处怎样的墓葬遗址？

韩建华：青海省位于黄河上游，中国古代许多丰富的文明集聚于此。1982 年，青海省文物考古研究所许新国和同事到都兰调查岩画，夜宿在鲁斯沟藏民达洛家中，从达洛口中得知察汗乌苏河的对岸有许多古墓葬，这就是著名的热水墓群。历时四年发掘，这里出土了大量罕见的精美文物和遗迹，在当时引起了国内外学术界的轰动。经考古确认，这是一处 6—8 世纪的重要墓葬群，为我们揭开了丝绸之路河南道被尘封的一段历史。

至于大家所说的“九层妖楼”，实际是 1982 年发掘的墓群中一座编号为“血渭一号”墓的规模较大的墓葬。

记者：您之前一直在洛阳进行隋唐洛阳城考古，是什么机缘让您参与到都兰热水墓群的考古发掘工作？

韩建华：事实上，我是赶鸭子上架，接受了这个任务。

中国社会科学院考古研究所副研究员、青海都兰热水墓群“2018 血渭一号”墓项目负责人韩建华

几十年来，热水墓群出土的金银器、玉器、丝织品备受海内外收藏家的青睐，也让无数的盗墓贼蠢蠢欲动。2018 年“3 · 15 热水墓群被盗案”震惊全国，涉案文物达到 646 件，虽然案件最终告破，文物都成功追回,但对这一墓群的考古工作再次迫切地提上了日程。

2018 年 6 月，我接到上青藏高原的通知，针对 2018 年被盗墓葬进行抢救性发掘，也就是大家现在说的“2018 血渭一号”墓。

记者：现在回看总结，可以说“2018 血渭一号”墓的发掘将各种各样的科技考古手段、先进的考古理念均应用到实践之中。发掘之初是如何考虑的？

韩建华：“2018 血渭一号”墓的抢救性发掘是在国家文物局、中国社会科学院、青海省政府三方共建“热水墓群考古和文物保护研究基地”框架协议下开展的，最初就强调要加强统筹规划和科学布局。简单说就是“小处着手，大处着眼”。

热水墓群几十年来的考古发掘几乎都是抢救性发掘，文献资料不充裕，学术研究也不足，并且缺乏系统规划，这从墓葬编号的混乱就可见一斑。在梳理了热水墓群 37 年的考古发掘历程后，我认为热水墓群可以尝试采用聚落考古的方法来进行，也就是以被盗墓葬发掘为切入点，将热水河两岸都纳入考古工作的范围，遵照大遗址考古工作规范，建立统一的分级控制网和记录系统。

多单位、多学科合作的成功典范

通过科学发掘，“2018 血渭一号”墓确认为热水墓群发现的结构最完整、体系最清晰、形制最复杂的高等级墓葬。其中发现的墓园祭祀建筑、殉牲坑、五神殿的墓室结构、壁画、彩棺，

“2018 血渭一号”墓葬全景

还有出土的大量精美遗物等，对研究唐（吐蕃）时期热水地区的葬制葬俗及唐帝国与少数民族关系史、丝绸之路交通史、物质文化交流史等相关问题具有重要价值。值得关注的是，“2018血渭一号”墓的考古发掘，是多单位、多学科合作的成功典范。

记者：中国社科院考古所所长陈星灿曾高度评价“2018 血渭一号”墓的考古发掘，称它是“多学科合作的典范”。您能分享一下其中多学科合作探索的经过吗？

韩建华：多学科合作是现代考古理念的要求，现代科技的运用，丰富了考古的思路、方法和内容，也让考古变得更加精准、安全、高效。

在这几年的发掘过程中，我们积极开展多学科合作，采用RTK、全站仪、无人机等技术手段，树木年轮、三维建模、动植物考古、DNA、金相分析等检测鉴定方法，全面、翔实、准确地记录和提取相关信息。

在 2018 年 8 月 5 日进驻考古现场前，我们就请所里科技考古中心主任刘建国组织科技考古团队参与进来。先用无人机全视域空拍了几天，做了高程模型、等高线地形图，进行了虚拟布方，确定了该墓葬的大致范围。之后发掘了 11 个探方，清理出部分墓园建筑的茔墙等遗迹现象。那时心里已经有点儿底了，毕竟有茔墙、有回廊，看起来是高等级的墓园建筑。

这样高规格的墓葬发掘工作得到了我们所科技考古团队的大力支持。王树芝老师负责树木测年和树种鉴定，从墓园到墓室，每次取样都一丝不苟，数据分析结果准确及时；李志鹏负责出土动物骨骼的清理、鉴定、检测；钟华负责出土植物遗存的鉴定、生业形态的分析；刘煜负责金器、铜器的金相检测与分析；陈相龙、赵欣负

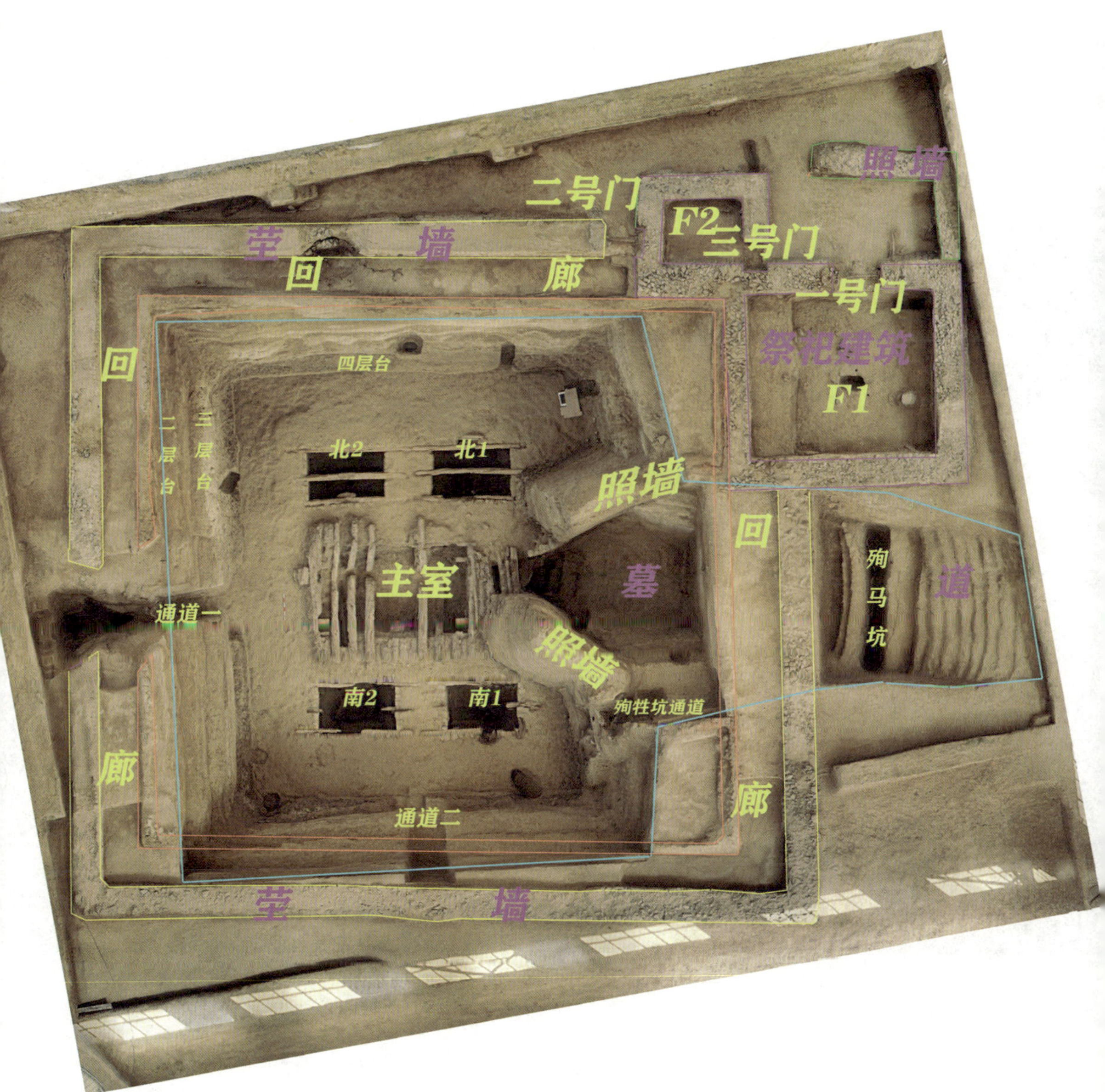

“2018 血渭一号”墓葬全景示意图

“2018 血渭一号”墓葬发掘现场

责人骨、动物骨骼的 DNA 提取与分析，以及殉牲的食性分析；王明辉负责对殉人、主墓室的两具人骨进行鉴定。可以说，各路神仙各司其职，各显神通，收获丰硕。

此外，长期在青藏高原从事考古的张建林、霍巍、焦南峰等多位学者来到现场进行指导，对于这座热水墓群发现的结构完整、体系清晰、墓室复杂的高等级墓葬的发掘、保护提出了很多建议，而祭祀建筑、殉牲坑、墓室结构、壁画、彩棺等也为考古学家、历史学家研究唐（吐蕃）时期热水地区的经济、社会面貌提供了珍贵的资料。

记者：如您所说“各路神仙各司其职，各显神通”，您能给我们回忆几个具体片段吗？

韩建华：例如殉牲坑。2019 年清理时就已经发现顶上的棚木已经被盗扰，但仍发现大量分层堆放的被肢解的动物骨骼，底部还有一把木鞘铁剑。陕西考古研究院的张建林老师了解这些现象后，说这应该就是象征当时的肉库，连吃肉的刀子都准备好了。随后对动物骨骼的提取，是在李志鹏的线上指导下，分堆编号进行提取，初步鉴定有牦牛、黄牛、绵羊、山羊、马鹿等动物。

我们在五神殿墓室北二侧室发现木床架，大量的织物和皮革放置在木床架上。当时这些织物和皮革因进水而漂浮起来，和淤土混为一体，清理需要特别仔细。当第一片织物露出来，我就赶紧向朱岩石副所长汇报了情况。得知我们需要支援，80 多岁的著名纺织考古学家、中国织绣领域研究第一人王亚蓉老师还准备亲自上阵，但所里考虑到可能会有高原反应，还是将老人劝了下来，最后派了刘大玮带队的纺织团队到了现场。北二侧室清理时，青海所也把文保的骨干派来支援，以高志伟主任带队的皮革现场清理平台搭建起来，边清理边保护，当第一只靴子被清理出来，尖叫、喝彩声在现场回荡。

我们在主墓室内发现两具人骨，推测应为墓主人。经考古所体质人类学家王明辉鉴定，为一男一女，男性50—60岁，女性40岁左右。后来墓主身份的确定，也是多学科综合研究的结果。

“无法言说当时的激动，所有的考古人都沸腾了”

“2018血渭一号”墓仅仅是热水墓群300多座古墓中的一座，该墓葬群是青海境内面积最大、保存封土最多的一处南北朝至隋唐时期的墓葬群，但究竟属于我国哪个古代民族，长期悬而未决。2020年出土的指甲盖那么大的“外甥阿柴王之印”，则为解决这一难题找到了突破口，被认为是青藏高原上划时代的重要发现。

记者：考古史上有多少墓葬因为缺乏和墓主人身份相关的铭文、墓志、印章等而成为悬案。从这一点上来说，您很幸运。

韩建华：是这样的。从2018年开始抢救性发掘，墓主人究竟是谁，一直是个谜。直到2020年11月进入发掘尾声时，我们的队员在棺板下的填土里，意外发现了一枚印章，才离破解谜团近了一步。

那是11月3日，考古队正套箱提取文物，我在办公室等待电视台来访，突然接到了一个队员的电话，他激动地喊：“韩队，出印章了！”声音都有些颤抖了。我立即去现场，等待印章拍摄、测量等程序结束后，戴上手套，小心翼翼地把印章拿过来端详，那是一枚鼻形钮的方形印章，由于锈蚀严重，印面几乎看不到什么。我掏出随身带的手电筒，用侧光看，发现几道不太明显的凹痕，好像是篆字，但还不敢确定。尽管文字不能识读，但无论如何，是值得高兴的事情，

“2018 血渭一号”墓出土的印章

“2018 血渭一号”墓发掘结束时的全景

我脑子里首先想到的是可以解决墓主的身份问题，将是学术界一件重大的发现。我无法言说当时的激动，但当时所有在场的考古人都沸腾了。

记者：墓主人的身份最终是如何确定的？

韩建华：印章在地下埋藏了上千年，我们不敢进一步清理，经过刘勇多方打听，联系中科院高能物理研究所，他们可以进行650KV 工业 CT 的三维扫描。通过电脑成图，确定这是一枚银金合金印章，印文由双峰骆驼图像和古藏文组成，经我国著名藏学家陈庆英、夏格旺堆、夏吾卡先等多位先生释读，藏文可译为“外甥阿柴王之印”。

阿柴是吐蕃人对吐谷浑的称呼，阿柴王即是吐谷浑王。根据印章的内容，结合敦煌文书《阿柴纪年》记载，我们初步推定墓主人可能是吐蕃统治下的吐谷浑王莫贺吐浑可汗，他的母亲是吐蕃的墀邦公主。

根据墓室出土金器、丝织物等，结合棚木树木年轮测定，“2018血渭一号”墓的年代在 8 世纪中期左右，和文献中的史实可以完全对应。所以在当年十大考古新发现的评选会上，众多专家认为，先进的考古理念，关键文物的出世，为解读唐与吐蕃、吐谷浑的关系提供了非常关键的证据。

记者：热水墓群还出土了哪些“宝藏”文物，承载什么文化内涵？

韩建华：1982 年在对“血渭一号”墓进行发掘时，考古人员发现一件文字锦残片，经德国哥廷根大学古文字学家确认，锦上为波斯萨珊王朝的婆罗钵文字，系目前世界上唯一确证的 8 世纪波斯文字锦。

“2018 血渭一号”墓出土的骑射贴金银饰片

与波斯文字锦同时出土的对马锦，上面的翼马形象在莫高窟第249窟窟顶狩猎图上也能见到，带翼神兽源自古代亚述地区，也见于塞种、大夏及希腊和印度的艺术，在丝绸之路上广泛传播。“血渭一号”墓中，出土的丝绸残片达350余件，分别来自中原汉地、中亚、西亚，其织造工艺和纹样具有多源性，实证都兰是丝绸之路上的重要中转站。

“2018血渭一号”墓被盗出土的人首鱼尾纹金饰片，人物脖颈饰后方飘浮的绶带，是典型的波斯萨珊王朝装饰纹样。此外，在主墓室棺板周边及祭台发现海螺、未曾炭化的葡萄籽、玻璃、玛瑙、珍珠、珊瑚，它们从康国、吐火罗国、波斯、狮子国甚至更远的地中海地区传来，见证了中国与中亚、西亚、欧洲源远流长的文化交流史。

记者：考古发掘让青海道从文献研究走向实证，在您看来最大的意义何在？

韩建华：历史上青海道发挥重要作用时，正是西北各民族融合的高峰，吐蕃、吐谷浑、羌、狄、戎等多个部落、民族频繁交往联姻，逐渐变得“你中有我、我中有你”，自然形成的文化认同为中华民族多元一体、血脉相承奠定基础，深厚的历史积淀是文化自信的来源。

文物作为一种物质表现，见证了丝路各国源远流长的友谊，更让人们跨越国界、唤起共同记忆。即使在“世界第三极”青藏高原，物产、技术、思想的交流也从未断绝，更加证明每种文化都不是孤岛，都需相互理解包容、求同存异、和平共处。

“2018血渭一号”墓出土的双狮日月金牌饰

“2018 血渭一号”墓出土的玛瑙串珠

深入推进多学科合作的考古学研究

文 / 袁　靖

在考古学与自然科学相关学科相结合的过程中，逐步形成了科技考古这样一门学科。严格地说，中国科技考古的大发展始于 20 世纪 90 年代。这集中体现在以科技部为主的国家有关部委支持的多个大型项目上。

比如，1997 年至 2000 年实施的“夏商周断代工程”，就是由来自历史、考古、天文、碳—14 测定年代这些人文社会科学和自然科学不同学科的专家们共同完成的。项目组最后列出了商代后期自盘庚迁殷到西周共和元年近 500 年里各个王在位的时间，商代前期自汤到阳甲这 300 年里比较详细的年代框架，公元前 2070 年至公元前 1600 年这个夏代的基本年代框架。

如果说“夏商周断代工程”中体现的考古学与自然科学相关学科的结合仅仅表现在天文学和碳—14 测定年代上，那么，自 2002 年至 2003 年实施的“中华文明探源工程”预研究则又增加了环境考古和冶金考古这样两个新的研究领域。通过这样的研究，除了碳—14 测定年代又有新的进展以外，对于豫西晋南地区龙山时期的自然环境研究和二里头时期的冶金技术研究都有了新的认识。

如果说“中华文明探源工程”预研究中体现的考古学与自然科学相关学科的结合仅仅包括碳—14 年代测定、环境考古和冶金考古的话，那么，自 2004 年至 2005 年实施的“中华文明探源工程”第一阶段则在上述三个研究领域之外，又新增加了动物考古、植物考古、食性分析、DNA 研究、陶器成分研究、玉器和石器的工艺研究等多个新的研究领域，涉及地球科学、物理、化学、生物学等多个自然科学基础学科。我们的研究结果进一步完善了中原地区从龙山文化至二里头文化的绝对年代谱系，复原了中原地区特定时间段里的自然环境，填补了有关当时农业、手工业等技术和经济状况研究的空白。

“中华文明探源工程”第一阶段中体现的考古学与自然科学相关学科的结合虽然比较全面，但这些还是属于初步尝试，包括 DNA 研究在内的一些方法尚属于探索阶段。另外，整个研究被限制在中原地区和 1000 年跨度的时间段里，时空范围比较有限。自 2006 年至 2008 年实施的“中华文明探源工程”第二阶段除新增加了人骨考古这个研究领域之外，我们的研究方法逐步成熟，研究的范围扩展到西辽河流域、包括中原地区在内的黄河流域和长江流域，研究的时间延伸为 2000 年的跨度。通过研究，我们认识了这个时空范围内多个遗址的绝对年代、自然环境、人骨形态、动植物遗存、人工遗物的物质结构、成分和制作工艺，还包括对当时调控盐、铜、绿松石等重要资源能力的探讨。至此，形成了科技考古全方位介入“中华文明探源工程”的基本格局。这个格局在不断完善的过程中一直延续到现在正在进行的“中华文明探源工程”第五阶段。

习近平总书记在中央政治局就我国考古最新发现及其意义为题举行的第二十三次集体学习中指出，考古学界要会同经济、法律、政治、文化、社会、生态、科技、医学等领域研究人员，做好出土文物和遗址的研究阐释工作，把我国文明起源和发展以及对人类的重大贡献更加清晰、更加全面地呈现出来。习近平总书记在这里十分精辟地指出了中国考古学发展的重要方向。

最近20多年来包括“夏商周断代工程”“中华文明探源工程”在内的考古发展历程证明，举国之力，组织多学科联合攻关，对考古学的快速发展起到了巨大的推动作用。但是历数现在跟考古相关的科研大项目，主要侧重于考古学与自然科学相关学科结合的多学科合作模式，或者由考古学研究问题拓展出来的多个考古学分支学科。从大的学科分类来说，科技考古属于考古，目前考古学界经常强调的多学科合作，实际上多属于考古学这个大的学科范畴之内。我们还没有汇聚经济、法律、政治、文化、社会、生态、科技、医学等多个大的学科，共同聚焦考古遗址开展多学科合作研究的先例。可以说，在整个世界考古学界也没有过这样全方位的研究。

我在今年的全国政协会议上提交提案，建议中国社会科学院会同国家有关部委，借鉴“夏商周断代工程”“中华文明探源工程”的成功经验，举国之力，筹建一个涉及考古、历史、经济、法律、政治、文化、社会、生态、科技、医学等领域的研究人员组成的团队，对河南省安阳市殷墟遗址开展全方位的研究，用理论前沿、领域齐全、方法科学、材料丰富的精彩案例全面彰显中华文明早期发展阶段的辉煌历史。同时，在研究过程中进一步凝练研究思路、完善研究方法、加强研究队伍，更好地带动全国的相关研究。相信在大家齐心协力的持续努力下，我们一定能够以更加优秀的研究成果，丰富全人类的文明发展史，在世界范围内展示中国特色、中国风格、中国气派的考古学。

（作者系第十二届、十三届全国政协委员，中国社会科学院考古研究所研究员、复旦大学科技考古研究院院长。本文原载于《人民政协报》2022年11月10日第3版）

"中华文明探源·何以中国"之十一

听文物讲述"何以中国"

——专访故宫考古研究所、故宫博物院考古部负责人徐海峰

记者　司晋丽

多元一体、连绵不断的中华文明，是每一个中国人引以为荣的骄傲。随着全社会历史文化滋养的日渐丰厚，人们怀着敬畏和好奇，开始探寻文明起源、追溯历史形成轨迹。

于是，“何以中国”成为近年来中华大地上最“热”的问句之一。

那么，答案藏在哪里？

就在永恒流淌的时空星河里，在灿若星辰的国之瑰宝里。

即使是历史天幕上的几颗星星、不同文明中的小小侧面，都能让我们一窥先人智慧之伟大、中华文明之卓绝。

今天，当一位位考古学家捧着宝藏从幕后走向台前，为人们揭开一个个文物的身世之谜，人们除了惊叹，也更加坚定了文化自信、文化认同。

故宫造办处遗址清代建筑遗迹全景

考古比较好地回答了“何以中国、何为中华、何以文化自信”的社会关切

记者：故宫作为一个闻名世界的博物院，成立考古部门的初衷是什么？

徐海峰：故宫是享誉世界的文化遗产，恢宏壮美的古代建筑群人所共知。同时，在故宫及其所收藏的各类文物基础上成立的故宫博物院又是我国最具影响力的博物馆，是集文物挖掘、保护、研究、传承、利用于一体的大型综合性博物馆。故宫博物院进入新时代以来，顺应事业发展的需求，特别是进一步拓展故宫学术领域、完善学术研究门类，不断提升故宫文化遗产保护的层次与水平，不断挖掘和阐释故宫所承载的中华优秀传统文化的价值；同时，新时代以来中国考古学取得巨大发展，为更好地发挥故宫博物院保护、研究、传承、利用的平台资源优势，促进博物馆学与考古学的同步发展创造了条件。正是在这样的时代背景和事业发展的新形势下，我院成立考古部，开启了故宫有组织、科学规范地开展考古工作的新征程。

我们提出紫禁城考古的概念，就是在明清宫城及皇城内开展的考古工作。通过这些年的工作，我们初步揭开了鲜为人知的紫禁城地下奥秘，这样公众不仅能看到一个地面上的紫禁城，也能看到600年前地下的精彩世界。此外，故宫考古不限于紫禁城考古，我们也走出红墙外考古，承担和参与国家重大考古项目，比如明中都城址、景德镇御窑、龙泉青瓷窑址、三星堆城址等考古；另外我们也走出国门考古，比如开展的“一带一路”海外合作考古，逐步形成了具有故宫学术特色的考古。

故宫考古研究所、故宫博物院考古部负责人徐海峰在故宫造办处遗址清理遗迹

记者：故宫是明清时期的建筑，所以“紫禁城考古”的对象也相对“年轻”。不过，我们也注意到，2022年故宫博物院的很多工作都是围绕中华文明探源展开的，展出不少来自史前的出土文物。例如，今年故宫的开年大展“何以中国”以及当前正在展出的故宫博物院与中国国家博物馆共同主办的“和合共生——故宫·国博藏文物联展”等，都产生了非常好的社会反响，您也参与了其中的一些工作。

徐海峰：中华文明的起源、形成与发展是社会上热切关注的话题。随着良渚古城的申遗成功，实证中华文明5000年；近几年全国十大考古新发现终评会的直播，央视考古公开课、中国考古大会、考古类纪录片等，掀起一波又一波的“考古热”；尤其是三星堆“再醒惊天下”，更是激发起公众对考古的极大热情和空前关注。我想原因是多方面的。从表面看，是由于三星堆考古揭示出来的神秘的青铜器，极大地满足了人们对于未知的好奇和追逐；从社会背景来看，是由于全社会对传统文化的重视，公众历史文化素养前所未有地提升。此外，由于考古工作顺应时代，公众考古越来越成为考古工作者的自觉，及时与公众分享最新考古成果，丰厚了全社会的历史文化滋养。你提到的这两个展览，也是集全国文物界的力量推出的重磅大展。“何以中国”展出的130多件文物，从新石器时代至清代，这些国家宝藏揭示了华夏大地何以中国、中华文明何以不朽。用一句话概括，考古比较好地回答了“何以中国、何为中华、何以文化自信”的社会关切。

记者：那么，从考古学的角度，“何以中国”这个问题，究竟应该如何作答？

故宫慈宁宫花园以东的明清时期地面遗迹

徐海峰：这是一个宏大的命题。我国考古学泰斗苏秉琦先生创立的文明起源三阶段“古文化—古城—古国”、国家形成与发展三部曲模式“古国—方国—帝国”，经过学者进一步深化研究，修正为“邦国—王国—帝国”三阶段，这是我们探索国家起源的基本理论和遵循，也是具有中国特色的考古学理论。夏商周三代是王国阶段。从三代往前再追溯，就是邦国阶段，也就是文献记载的万国林立的时代，考古学上有哪些实证？我们熟悉的红山古国、良渚古国、陶寺、石峁等，至二里头文化时期广域王权国家形成，开启了夏商周三代王国文明时期。

此外，苏秉琦先生还创立了区系类型理论，奠定了探索中华文明和国家起源的基本框架。它将新石器文化划分为六大区系，每一区块都有自成体系的考古学文化发展序列，都创造了各自的文明，这反映了中华文明和国家起源的多元或多样化。那么，多元如何走向了一体？是不同文明间的碰撞交流融合，而中原地区就成为不同文明交流的一个大熔炉，最后周边文明相继衰落，百川归海，不断吸收借鉴周边不同时期、不同族群文化的优秀因子，共同铸就了中原的一统，直至近现代形成了具有现代民族国家概念的中国，也就是56个民族共同缔造的中国。有学者将这一历史过程形容为“满天星斗—月明星稀—皓月凌空”。现今960万平方公里的辽阔土地，是历史上各民族创造发展各自文明的舞台，包括面向东南的海洋族群创造的海洋文化，都是考古学研究的地域范围。这就是基于考古材料揭示的中国国家起源、中华文明起源的轮廓性的历史图景，也是我们参观“何以中国”展览主题的一个前提或基本认知。

故宫造办处遗址的明代早期磉墩

对于公众来说，要理解“何以中国”，文物是一个很好的切入点，特别是有“背景”的文物

记者：有参观者形容，观看这些展览就像走进沉浸式电影之中。如果从其中挑选几件最具代表性的文物，您会选择哪几件？

徐海峰：要理解“何以中国”，文物是很好的切入点，特别是

徐海峰在希腊古奥林匹亚遗址测绘

有“背景”的文物。

我首推的是西周早期的青铜器何尊。为什么呢？因为在这个青铜器的铭文里出现了“中国”二字，这是出土文物中最早出现“中国”二字或中国叫法的实例。它的原文是“余其宅兹中国，自之乂民”。这里的“中国”指西周的东都成周，这是周人心目中的“处四方之中、地中之国、地中之都”，也就是以洛阳盆地为中心的中原地区，这是“地理中国”的意思。从东周开始逐步由地理中国向政治中国演变。这是包括考古学在内的学界研究中国的起点。

其次是河姆渡文化的典型器物骨耜。耒和耜是文献记载的中国最古老的农具，所以河姆渡文化有比较发达的农业，这就带来了稳定的定居生活。河姆渡遗址是中国稻作农业起源的代表性遗址，距今7000—5300年，而发达的农业是催生文明的主要动因。

其他的代表性文物还有很多，例如大地湾遗址出土的彩陶瓶、红山文化的玉龙、良渚时期的玉器、山东龙山文化的典型器物蛋壳黑陶杯等。这些文物虽然身处不同历史时期，但共同点是都向周边传播和扩散，对周边文化产生了强烈影响。当然，在众多文物中，这几件只是一鳞半爪。中华文明的起源是一个漫长而复杂的过程，但多元一体的主旋律，不同族群、不同民族创造的优秀文化，与外部文明的交流与互鉴，均是催生中华文明形成与发展、促进统一的多民族国家形成演变的不可或缺的因子，这是一个基本共识。

记者：通过文物，我们能直观地看到一个时代的生活方式和运转模式。作为考古工作者，是否能比普通公众更多感知到先人内在的精神状态？

徐海峰：囿于史前生产力和技术水平的低下，先民们常常在自然力面前无能为力，他们认为这些都是神灵赐予的，于是对日月星辰、

故宫长信门西北的明早期建筑基址

山岳河川等顶礼膜拜，生活在自己创造的神的世界中，太阳崇拜就是一个集中的反映，其中比较典型的就是三星堆的太阳轮和金沙遗址出土的太阳神鸟金箔。此外，商周时期中原发达的青铜器是“国之大事，在祀与戎”的具体体现，青铜主要作为祭器来使用，形成了独特的青铜礼乐文化。上古先民的宇宙观、天文观也是中华哲学产生的源头，还有阴阳五行、四神、观象授时、择中等独特的哲学思想，而自然崇拜和祖先崇拜构成了我们的基本信仰体系，也就是天、地、君、亲、师的崇拜，是中国人传统信仰的最高最集中的体现。

对外交流最基本的就是互信，互相信任才能产生进一步交流

记者：故宫博物院也承担了一部分国家重大考古项目。可否举些例子？

徐海峰：故宫考古部加入了三星堆月亮湾的发掘、研究和保护工作，我院文保科技部的同人也一直在参与三星堆青铜器的清理和修复工作。此外，中国—希腊文物保护技术“一带一路”联合实验室也是我们的一个国际交流平台。

记者：“紫禁城考古”对于传承中华文脉有着怎样的意义？

徐海峰：城市是进入文明的一个重要标志，是一个时代最高智慧的凝结。因此，城市考古或者都城考古是考古的最高境界。我关注到《人民政协报》“中华文明探源·何以中国”系列报道对良渚、陶寺、二里头、石峁等古代都城的报道，而紫禁城，更严格地说是元大都，是中国古代都城中最后一个集大成者，基本上是遵循《周

礼·考工记》的建造理念，延续了中国古代工程规制的都城模式，虽然因时因地制宜作了适时调整，但是在大的理念和规划思想上还是一脉相承、古今重叠的。从这个角度说，也展现了5000年不断裂的中华文明的生生不息。

记者：很多博物馆都尝试运用新技术让文物“说话”，故宫博物院在这方面有哪些新手段？

徐海峰：推动学术研究与数字技术的深度融合，让文物活起来，是故宫博物院的理念之一。为了将考古成果更好地分享给公众，我们运用了考古VR、倾听在线、三维扫描等技术打造“数字故宫”，让参观者有沉浸式体验。

记者：在党的二十大举行的“党代表通道”采访活动中，二十大代表、故宫博物院院长王旭东阐述了故宫“四大愿景”。就您的理解，考古将在其中扮演怎样的角色？

徐海峰：“四大愿景”是我们工作的方向和奋斗目标。我们首要的任务是把紫禁城考古做实做细，夯实公共考古的基础。因为博物馆跟考古本身就是密不可分的，建设国际一流的博物馆，考古的发现、研究与成果共享是重要的支撑；同时，我们要在故宫博物院开放、交流、合作的学术大背景下，扎实有序地走出去，及时分享与传播中外合作考古成果，提升故宫考古的国际化表达能力，同时，助力我院发挥在中外文化交流、文明互鉴等方面的积极作用。

说到海外考古，比如我们赴阿联酋拉斯海马开展的考古合作，第一季发掘，我们完全按照对方一直以来习用的西方考古学理念与方法，当时他们对中国考古学的理念与方法并不是很了解。其实，中国现代考古走过百年历程，已经形成一套成熟的、行之有效的方法体系，方法有差异但双方研究的终极目标是一致的，随着交流的深入，互相借鉴是中外合作考古的必由之路。在结束第一季考古发掘后，阿方对于中国考古工作者的科学规范细致的工作，特别是考古科技设备及手段的熟练运用给予充分的肯定和赞誉。于是，彼此充分沟通，我们建立起互信互进的稳定联系。到第二季，基于阿方对我们的充分信任，中国考古学者开始运用中国田野考古方法独立承担一处遗址的考古发掘工作，将中国的考古理念与方法有效地介绍出去。我想对外交流中最基本的就是互信，互相信任才能推动进一步的交流。下一步，我们将以外销瓷为切入点，与伊朗德黑兰大学合作，进一步拓展波斯湾地区的考古工作。

记者：您在考古领域工作 30 多年，今昔对比，最强烈的感受是什么？

徐海峰：最强烈的感受就是现在是考古最好的时代，考古学不再寂寞了。20世纪80年代，我们的田野工作和生活条件都很差，同时，考古也是一个冷门的行当，很少会受到外界关注。而当下的工作生活等物质条件早已不可同日而语，更令人欣慰的是整个社会文化素质的大幅提升。所以从某种程度上说，考古见证了我国综合国力的提升和整个社会的发展进步。不管何时，对未知的好奇都是人类的本能。因此，继续探索未知、揭示本源，是考古人基本的职责。

“和合”的慧光

文 / 刘晓庄

中华文化博大精深，如果要用一个最为简约精练的词语来代表中华优秀传统文化，“和合”二字当仁不让。

难忘孩提时代，高高兴兴过大年，家家户户喜团圆，大人贴上“和合二仙”的新年画，“爆竹声中一岁除，春风送暖入屠苏”，那时刻，无论老小长幼，都会打心底升腾起对新的一年“家和万事兴”的无比祈盼。“和合”的文化基因就这样在人们的血脉中流淌，在人们的心灵中刻画上深深烙印，让人生得到一次次洗礼。

自从成年以后，接受国学知识的熏陶，愈加深刻了解到以“和合”一以贯之的中国文化意蕴。“天人合一”的宇宙观、“协和万邦”的天下观、“和而不同”的国家观、“琴瑟和谐”的家庭观、“人心和善”的道德观，等等，就像一道霞光映射另一道霞光，一个灵魂唤醒另一个灵魂，“和合”始终保持灵魂的鲜活和芬芳。

就在前些日子，人们在线上线下观览“何以中国”文物考古大展、“和合共生”馆藏文物联展，激发出一股始料未及的“联动效应”。探究中华“和合”文化的历史渊源，厘清中华民族“尚和合、求大同”的发展脉络，发掘中华文明的时代价值，令广大观众心田涟漪荡漾、浑身热血澎湃，以致流连忘返。

“末代狂儒”辜鸿铭一生热衷向西方人宣传东方文化和精神，曾经翻译了中国“四书”中的《论语》《中庸》和《大学》，记得他说过一句非常经典的话：“中国人身上有其他民族都没有的、难以言喻的东西，那就是温良。”“温良”的形容或许来自他对国学的感悟，但中国人的那种独具魅力的“温良”，委实源于醇厚的“和合”文化。

“和合”作为一门深邃而又淳朴的学问，是中华民族先贤在实践中孕育的智慧结晶。文字象征着人类文明，文明历史从文字开始。“日、月、山、水、草、木、人”，一个个最早的象形文字，展现了古人几千年前那种人与自然浑然一体的独到视角；“朝、暮、采、林、从、北、休”，一个个组合的会意文字，标志着我们的祖先认识事物由具象到抽象的超然跨越……

一片甲骨惊天下，万般气象促“和合”。“宫、商、角、徵、羽”，“和”而成乐；“东西南北中”，“合”而成礼。由文字而语言，由思维而学理，具有普遍意义的“和合”文化思想，俨然成为中华传统文化的核心理念和基本精神，恒久地闪烁着中国式哲学智慧的光焰。

“仁爱相兼，中庸致和”“道之以德，齐之以礼”“惠而好我，携手同归”“心外无物，知行合一”……“和合”这一人民群众日用而不觉的共同价值观念，深深影响着华夏儿女的处世原则、心理结构和行为方式，进而影响到中国社会制度的建构及其国家治理。毋庸置疑，在中华文明的历史进程中，“和合”理念对维护社会和谐稳定、推动社会发展进步，发挥了广泛而又久远的积极作用。

在中共二十大报告中，习近平总书记向世界郑重宣示：“促进人与自然和谐共生，推动构建人类命运共同体，创造人类文明新形态”，再次彰显了“和合”文化胸怀天下的雄伟气派，不由得让人们想起5年多前的“冬日茶叙”。2017年1月，习近平向越共中央总书记阮富仲介绍中国传统茶艺，意味深长地妙解“茶”字就是“人在草木间”，人与天地共存，真情表达了交流合作、互利共赢的一片诚意，传递出中国人民崇尚与世界“和合”的相处之道。

中共二十大刚刚闭幕，习近平总书记来到他“向往已久”的殷墟，着重强调“中华优秀传统文化是我们党创新理论的‘根’”，要“更好地传承优秀传统文化”。正本清源，守正创新；“美美与共，天下大同”。传承弘扬“和合”文化资源，发掘利用其蕴含的合理内核，从源头引来活水，齐心聚力，定能浇灌出中华民族伟大复兴的万木之春。

“何以中国”能够展示中华民族将以更加昂扬的姿态屹立于世界民族之林。对此，习近平总书记考察殷墟时作了精彩回答：“中华文明源远流长，从未中断，塑造了我们伟大的民族，这个民族还会伟大下去的。”

（作者系第十一届、十二届、十三届全国政协常委，江西省原政协副主席、江西省社会主义学院原院长。本文原载于《人民政协报》2022 年 11 月 24 日第 3 版）

"中华文明探源·何以中国"之收官

收官寄语

“一个民族、一个国家，必须知道自己是谁，是从哪里来的，要到哪里去，想明白了、想对了，就要坚定不移朝着目标前进。”

“中华文明探源·何以中国”系列报道源自近年来全国政协委员关于中华文明溯源的持续关注和研学讨论，读书群中百家争鸣，研讨会上崇论闳议，线上线下交相辉映。正是人民政协这一巨大智库内的众多“超级大脑”，给了我们莫大的支持和鼓励。从 2022 年 8 月 30 日《何以中国　何以不朽》到 11 月 24 日《听文物讲述“何以中国”》，我们用 11 组报道，在良渚、陶寺、石峁、二里头、殷墟、三星堆等遗址遗迹中追溯中国的根基与发源，用描摹考古人的工作日常向这些“一生择一事，一事终一生”的人们致敬。尽管力所不逮，但我们努力学习了考古学科的发展和每项发现、每个遗址的重要价值和内涵，力求在每一句追问中使广大读者了解远古先民创造的灿烂文化，并吸收历史遗产给予的深厚滋养。

在此，我们以政协委员和专家学者的殷切寄语为“中华文明探源·何以中国”系列报道收官，但是从中华文明探源中挖掘考古遗址和文物遗存蕴含的中国人文精神、价值理念、道德规范等的探索脚步永远不会停歇。

“我们是谁，从何而来，将往何处去”的终极问题，仍需我们所有人用心去回答。

审视当下、思考未来的重要启示

文／王学典

几个月以来，《人民政协报》推出“中华文明探源·何以中国”系列报道持续引发热议，将近年来关于中华文明溯源的讨论再次推向高潮。在我看来，在党的二十大胜利召开之际，策划这一专题并开展集中报道，以呈现中华民族多元一体、源远流长、延绵不绝的历史进程，回应了时代主题，具有非常重要的理论意义和现实意义。

正如该系列报道开栏导语所说：“通过探访解读全国性的考古发现和研究成果，梳理描绘中华文明源远流长和蜿蜒绮丽的脉络，以呈示华夏大地何以中国，中华文明何以不朽。”这体现了对党的二十大报告关于“提炼展示中华文明的精神标识和文化精髓，加快构建中国话语和中国叙事体系”重大部署的贯彻和落实。

系列访谈中，专家们的翔实解说让我们更加系统深入地了解了第一次实证了中华5000年文明的良渚文化，充满奇妙、浪漫而独具个性的三星堆文化，担当了中华文明探源坐标和基石的殷墟文化，等等，无不为我们提供了审视当下、思考未来的重要启示。

在系列报道中，殷墟考古的专访把我们带入了90多年“大邑商”的探寻之旅——探寻中华民族刻入基因血脉的文化自信之根。就在一个月以前，习近平总书记在考察河南安阳殷墟博物馆时说，“殷墟我向往已久，这次来是想更深地学习理解中华文明，古为今用，为更好建设中华民族现代文明提供借鉴”“中华优秀传统文化是我们党创新理论的‘根’，我们推进马克思主义中国化时代化的根本途径是‘两个结合’”。习近平总书记的谆谆话语为我们打通历史的中国与当代的中国、立足中华5000年文明、阐释中国式现代化的深刻内涵提供了根本指导。

在系列报道中，我们领略了三星堆文化——一个曾经在中华大地上存在了2000多年的文明的苍茫背影。三星堆文化对中原文化、殷商文化有选择性地吸收，并在拿来之后按照自己的意愿进行改制和创新，形成了自己的文化特色，这正是中华文明多元一体、绵延不绝的奥妙所在，也是今天读懂中华民族、读懂中国式现代化的一把钥匙。

在系列报道中，良渚考古的标志性意义尤其令人振奋，80多年来几代人薪火相传，承载的是赓续中华民族历史文脉的情怀。今天，中华文明的起源上溯到5000年已成为国际社会的共识，但包括考古学在内的当代人文社会科学仍然任重而道远，立足5000年中华文明建立中国特色、中国风格、中国气派的学科体系、学术体系、话语体系，为人类文明新形态实践提供有力理论支撑，这应当是“中华文明探源·何以中国”系列报道给予我们的更深层次的思考。

（作者系第十三、十四届全国政协常委，山东大学儒学高等研究院执行院长、《文史哲》杂志主编）

为解读中华文明古老密码笃行不怠

文 / 宋镇豪

国家文物局 11 月 10 日召开 “考古中国” 重大项目进展工作会议，听取殷墟考古和甲骨文研究重要成果及最新进展，解读其中的价值与意义，积极回应社会关切，当时我担任现场点评专家。回顾一代代学者前赴后继、薪火相传、接续探秘，未有止境，真是感慨多多。

文字，是文明发达程度的重要标志，也是文明传播与传承的重要载体。《尚书》云：“惟殷先人，有册有典。” 殷墟甲骨文是三千年前殷人用典册记录历史之外的另一种文字表达载体，而今世甲骨文的重大再现，在中华文明乃至人类文明发展史上具有里程碑的意义。

甲骨文是世界人类社会发展进程中的五大自源古典文字之一，是地下出土的中国独特而最早的成文文献遗产，也是生生不息的汉字和汉语的鼻祖，传承着真正的中国基因。殷墟遗址 90 多年来呈规模、建系统、立体系的持续奋进、成果迭出的考古发掘工作，甲骨文发现迄今 120 多年来学人稽疑破难的矻矻探索，奠定了中国古史由已知推未知的无可替代的出发点。殷墟考古和甲骨文声气与共，一为世界文化遗产，一见世界记忆文化名录，为探索中国上古文明信史提供了真实宝贵的物证，可谓是 “殷墟考古传文明，甲骨记忆述信史” 。

习近平总书记在殷墟考察时指出，“殷墟出土的甲骨文为我们保存3000年前的文字，把中国信史向上推进了约1000年。”“中国的汉文字非常了不起，中华民族的形成和发展离不开汉文字的维系。”

甲骨文不仅是可以“证经补史”的物质文化遗存，也是中华民族共同的文化记忆。甲骨文的世界繁富而多彩，甲骨文遗产承载着厚重的中华文化基因和绵绵流长的历史根脉，是不可再生、不可替代的中华文明探源之重要资源。我们要重视推进甲骨文的保护、传承和利用，挖掘甲骨文的多重价值，解析甲骨文中的精神价值符号和人文思想菁华。

通过“中华文明探源·何以中国”系列报道，我得知关于中华文明溯源的专题讨论近年来持续在全国政协委员中保持着很高的热度。无论是读书群内的线上交流，还是线下的研讨座谈会，大家对中华文明起源的关注和研学让人感佩。对于我们史学工作者来说，也倍感任重道远。

10多年来，我的精力主要扑在甲骨文全息性整理研究方面，未来还将结合全国甲骨藏品全息性整理研究的愿景，推进计算机人工智能深度识别甲骨文关键技术研发，在甲骨文故乡安阳师院协同构建“殷契文渊”甲骨文信息大数据平台，推动甲骨文三维数据建模档案建设、甲骨文考释与殷商史阐述、甲骨文与殷墟考古研究等。我将继续对标国家文化发展战略，服务国家重大需求，守住学术良知和科学精神，激发以甲骨文为代表的古文字与考古学在中华文明传承发展中的内生动力，为解读中华文明古老密码笃行不怠。

（作者系第十一届、十二届全国政协委员，中国社会科学院学部委员、古代史研究所研究员，郑州大学汉字文明研究中心教授）

何以中国？是以中国！

文 / 张连起

上下五千年，中国文明是一个原生、本土的文明。中国文明的起源和早期发展是一段没有被文字直接记录下来的历史。多元一体的格局、兼容革新的能力，成为中华文明长期生长的起点，从中孕育出共同的文化积淀、心理认同、礼制传统，奠定了中华文明绵延不断发展的基础。为身处百年未有之大变局的我们增强了历史自信和文化自信，为实现中华民族伟大复兴提供了源源不断的精神动力。

回溯《人民政协报》历经半年的系列报道“中华文明探源·何以中国”，探二里头，究良渚，揭石峁，通殷墟，解谜三星堆，大遗址见证大变局，沉睡数千年，一醒惊天下。宣介中华文明探源工程，呈现中华文明起源、形成、发展的历史脉络，传播中华文明丰富内涵、灿烂成就和对人类文明作出的重大贡献，意义格外重大。

我们读过的古代典籍都把黄帝和炎帝时期作为中华文明的肇始，但古代文献毕竟属于古史传说，难以作为信史。由此，随着近代以来中华民族积贫积弱，疑古说盛行。对于中华文明 5000 多年持怀疑态度，甚至否定夏朝的存在。以一把西方的尺子度量，古代中国进入文明社会的时代只能从符合“文明三要素”（冶金术、文字、城市）并为甲骨文所证明的商朝后期开始算起。中华文明探源工程以坚实的考古材料和综合研究成果证明，中华民族 5000 多年文明史是真实可信的历史。

更为重要的是，这一工程坚持以辩证唯物主义和历史唯物主义为指导，坚持马克思主义关于“国家是文明社会的概括”的国家观，以国家的出现作为判断一个社会进入文明社会的根本标志，突破了判断进入文明社会“三要素”的桎梏，提出进入文明社会的标志：生产发展、人口增加，出现城市；社会分工和社会分化，出现阶级；权力不断强化，出现王权和国家。在没有发现当时文字资料的情况下，从考古发现中判断一个社会进入文明阶段的关键特征，即出现了作为政治经济文化中心的都城、规模巨大且制作考究的宫殿或神庙、规模大且随葬品丰富的墓葬，形成了表明尊贵身份的礼器和礼制、宽大壕沟或高大城墙以及大量武器随葬反映出的战争频发。这是进入文明社会的中国方案和中国标准，为丰富世界文明起源研究理论作出了中国贡献。

“求木之长者，必固其根本；欲流之远者，必浚其泉源。”今天，遥看中华文明的“满天星斗”，追寻中华文明的“皓月当空”，探知多民族国家生生不息的力量，照亮中华文明发展的辉煌之路。灿若星河的文化遗产既是我们坚定道路自信、理论自信、制度自信、文化自信的重要支撑，也是激励中华儿女赓续文明、团结奋斗的不竭动力。

站在中华民族伟大复兴的历史新方位，我们平添了基于源远流长、博大精深的中华文明的骨气、志气、底气。新时代政协委员，必将同心构筑中国精神，展现中国价值，凝聚中国力量。

（作者系第十二届全国政协委员，第十三、十四届全国政协常委，中国税务学会副会长、《人民政协报》特约评论员）

向世界讲好中国故事

文／高蒙河

2022年9月28日，在习近平总书记关于“建设中国特色、中国风格、中国气派的考古学”重要讲话发表两周年之际，上海电视台邀请中国考古学会理事长、“中华文明探源工程”项目首席专家王巍和我到演播室做《最早的中国·文明探源看东方》大型融媒体直播特别报道节目。编导告诉我们，节目将从正在上海博物馆举办的“何以中国”系列大展“宅兹中国——河南夏商周三代文明展”入手，结合“中华文明探源工程”重大成果，以若干考古现场多点连线及多媒体融合报道的形式，还原中华文明从涓涓细流到江河汇流的发展历程。

无独有偶，在这之前的8月30日，《人民政协报》“新闻眼”栏目，以整版篇幅开启了“中华文明探源·何以中国”系列报道，通过探访解读全国性的考古发现和研究成果，梳理描绘中华文明源远流长和蜿蜒绮丽的脉络，以呈现华夏大地何以中国、中华文明何以不朽。

我欣慰地注意到，京沪两地媒体在金秋时节的大型考古报道，有着异曲同工之妙、好事成双之趣。他们甄选的传播主题都与“文明探源”和“何以中国”有关，甚至连线或探访的考古现场也很是接近，那些过去只有考古学界知晓但近年越来越家喻户晓的良渚、陶寺、石峁、二里头、三星堆、殷墟等具有中华文明标识体系价值的著名遗址都赫然在列，而且科技考古、多学科考古、文物保护和展示利用等都被当作了共同传播的话题。

媒体传播考古成果由来已久，早在20世纪50年代，《人民日报》就曾整版刊发过解读陕西半坡遗址考古成果的《我们祖先在原始氏族社会时代的生活情境》一文，中央新闻纪录电影制片厂还拍过明十三陵定陵考古的纪录片《地下宫殿》，都在国内外产生了广泛影响。而今，媒体推出的考古成果更具传播系列，更显时代主题，更加聚焦做好中华文明探源和“何以中国”研究成果的宣传、推广、传播、转化工作，向世界讲好中国故事。

众所周知，通过发现研究去复原历史、凭借保护利用来贯古通今的中国考古学，已走过了一百年风雨兼程之路，已从象牙塔里的冷门绝学，发展出两条踔厉前行之道：一是持续践行务实求真的科学发现和研究，借以复原古代中国历史，揭示社会历史发展规律；二是不断开拓进取，延展出保护、利用、传承的全新领域，既向世人全面真实地展示了古代中国和现代中国，还进入助力经济社会发展、丰富全社会历史文化滋养、助力美好生活的新时代。

其实，“何以中国”何止是复原历史？文明探源又岂止是追溯源头？如果说各大媒体通过“何以中国”让大家了解了源远流长、博大精深的中华文明，那么“何以中国”还将帮助我们回答“这就是中国”的宏大时代命题。这种命题既是考古学的，又是全社会的，既是中国式的，还是全人类的，既是新时代的，又是新未来的。

（作者系中国文物学会副会长、复旦大学考古学教授）

后　记

2023年4月6日，是《人民政协报》创刊40周年的日子。40年来，我们不忘初心，砥砺前行，忠实地记录和报道中国经济社会发展和中国特色民主政治进程；40年来，我们得到了各级统战部门、政协组织、民主党派及工商联和广大政协委员的鼎力支持，结下了深厚友谊，留下了无数感人故事。

2022年8月30日至11月29日，《人民政协报》连续刊发了12组有关“中华文明探源工程”的报道，产生了良好的社会反响。在庆贺本报创刊40周年之际，我们将此系列报道编辑成书，希望将“中华文明探源工程”的研究成果和考古人的工作生活进行深度宣传，让更多读者感受到中华文明的博大精深，感受到考古的发现之美，为传承弘扬中华优秀传统文化贡献力量。

本书的出版，得到了多位委员和专家学者的大力支持；中国文史出版社领导和编辑老师给予鼎力相助；海南新宝塔控股集团有限公司慷慨助力；报社相关部门和同事不辞辛苦，做了大量具体工作。在此一并表示衷心的感谢！

人间最美四月天。让我们继续携手同行，凝心聚力，创造更美好的明天。

编　者

2023年4月